After your first three years with the company
Here is how to improve your work performance

入社3年目からのツボ

仕事でいちばん大事なことを今から話そう

森 憲一

青春出版社

目次

第3章 負けないための武器を持て

カバー写真 Kenishirotie/shutterstock.com
本文イラスト 村山宇希
本文デザイン 田中彩里
本文ＤＴＰ センターメディア
企画協力 株式会社オープンマインド

序章

ようこそ、白熱勉強会へ

この本は、入社して3年目という、社会人にとって、とても大切な時期を迎える（あるいはすでに迎えている）あなたが、これからの社会人生活をどんな風に過ごしていけばいいのか、普段、僕がセミナーや勉強会などでお話ししていることの一部をまとめた本です。僕がこれまで1000社以上の会社と関わってきた中で得た経験や知識、事例を元に、一人でも多くの方のお役に立てればと、一冊の本にまとめてみました。

僕は現在、社会人のための学校を主催している。社長と面談し、どんな会社を目指したいのかを伺い、社員をお預かりし、様々な業種の人たちと一緒に学び合う、そんな学校です。だから、たくさんの社長から、「どんな社員に育って欲しいのか」という話を毎日のように聞く。その中で、9割以上の社長が共通の想いを持っていたことに気づいた。同時に、社員の人たちの話もたくさん聞いてきた。両方の立場の意見や考え方を聞いてきたからこそ、僕はこの本を通じて、仕事人生を生き抜いていくための方法や、困難な問題を超えていくためのコツを話そうと思ったわけです。

これから社会人となる人や、若手の社会人にとっては、社会人として成長していくための基礎知識・心構えとして。ベテラン社員、リーダーになっている人にとっては、後輩育成のための指針として活用してもらえると嬉しいです。

最初に、僕がこの本の中で大切にしていることについて、講義形式で伝えてみたいと思います。実際に行った講義の一部を編集したものだけど、僕が講師を務める勉強会に参加している。そんな気分で読んでみて欲しい。では早速、授業を始めよう。

◇皆さんこんにちは。本日は、白熱勉強会へお越しいただきまして、ありがとうございます。講師の森憲一です。本日は1回目ということで、この授業の目的について、話をしたいと思います。では、まず初めに、こちらを見てください。

弱肉強食

◇この言葉を見て、どんなイメージが浮かびましたか？　はい、あなた。お名前は？
佐々木さん、どうぞ。
佐）「ライオンとシマウマです」
◇ライオンとシマウマ、肉食動物と草食動物の、食うか食われるかの戦い、いいですね。続いて、はい、お名前は？　辻さん、どうぞ。
辻）「サラリーマンの昇進や出世レース」
◇なるほど。ちなみに辻さんも、そのレースに参加している？
辻）「いえ、私は草食系なので」
◇草食系！　なるほど、でも草食系は肉食系に食べられてしまうのでは？

辻）「はい、食べられはしませんが、追い抜かれまくりです（笑）」
◇辻さん、勇気ある告白、ありがとう（笑）。
では他には？　お名前を教えて下さい。はい、高橋さん。
高）「私たちの社会そのものです」
◇なるほど、高橋さんは、僕たちの社会は弱肉強食だって感じてる？
高）「はい、受験や就職から始まって、出世や収入とか、企業同士の戦いもそうですね。商店街とショッピングモールとか、個人店とチェーン店など、この社会は食うか食われるか、勝つか負けるかの競争社会、弱肉強食の世界だと思います」
◇なるほど！　高橋さんもそんな世界で日々戦っている？
高）「はい、まだ戦っているつもりです。少々疲れてきましたが（笑）」
◇佐々木さん、辻さん、高橋さん、ありがとう。少なくとも3人の認識では、弱肉強食という世界は、決して楽しくて幸せな世界とは言えないようだね。いや、なぜか辻さんは楽しそうだったけど？　もし僕の勘違いでなければだけど。
辻）「いえ、大丈夫です、割と楽しんでます」
◇よかった。もしシリアスな状況だったらどうしようかと、ちょっとドキドキしてました（笑）。なぜ楽しいと感じているのですか？　追い抜かれまくりなのに。
辻）「性格かもしれませんが、私は勝つか負けるかという感覚で仕事はしていないからですかね。確かに他社よりもいいものを……とは考えていますが、勝ち負けはあんまり目的じゃなくて、お客様からいただく結果にしか過ぎないのかなあと」
◇素晴らしい！　でも、追い抜かれまくりって言ってたけど。
辻）「いえ、あれはちょっと冗談です。出世には自信ないですが（笑）、でも会社としてはそんなに負けてはいませんので、大丈夫です」
◇それはよかった。でも、勝ち負けは目的ではないって言ってたけど、では本来の目的とはなんでしょう？
辻）「そうですね、目的はお客様を増やすことです。自社製品の魅力を高めて、ファンを増やすことだと思います」
◇ありがとう。さて、いま辻さんがとても大切なことを言ってくれました。辻さんが言ったことは、「勝つか負けるかという感覚で、相手を倒し、自分だけが生き残る」ことよりも、自分たちの魅力を高めて、多くの人に応援される会社を目指すことが大切だ、ということでしたね。辻さん、これで大丈夫？

辻）「はい、大丈夫です」

◇辻さん、皆さん、ありがとう。

さて、それではこの授業の目的について少し話しましょう。

今回のテーマは、「誰かと戦うこと」「誰かに勝つこと」ではなく、「応援される人を目指す」「応援される会社を目指す」。これがこの授業のテーマで目的です。

では、まただた質問。「誰かに応援される」ためには何が必要でしょうか？

ちょっと考えてみて。難しく考えなくて大丈夫。確実に言えることは一つ、それは、

「応援したいと思われること」

おお、そこか……っていう顔をしてるね（笑）。では、「応援したいと思われる」ためには何が必要でしょうか？　どう？　難しい質問ですか？

それは、

「必要だと思われること」

そう、それは会社の上司や同僚、部下だってそうだよね。会社で言えば、お客様だけでなく、地域や社会などもそう。相手にとって、この商品、このお店、この会社、この人が、「必要だと思われているからこそ、応援される」。これはわかりますね？

例えば、地域の人たちからとても愛されているお店。また、周囲でも楽しそうに活躍している人をよく観察してみて欲しいんです。会社でも人でも、相手を必要とし、相手から必要とされる関係こそが、この長い長い仕事人生を楽しくイキイキと過ごすために大切だと僕は考えている。

「応援し、応援されること＝必要とし、必要とされること」

です。

さて、弱肉強食という言葉から始まったこの授業ですが、ここでちょっと視野を広げて生物学の世界を覗いてみましょう。生物の世界で最も繁栄している種類をご存知ですか？　はい、お名前は？　山里さん、どうぞ。

山）「恐竜！」

◇おー、確かに繁栄した感はあるよね。ステゴサウルス、ティラノサウルス、トリケラトプス！　でも、残念ながら絶滅してしまった。盛り上がる回答をありがとう。

　では、僕が解答しますね。最新の研究によると、恐竜が出現するはるか昔、約4億8千万年前から現在に至るまで最も繁栄し続けている生物、それは「昆虫」なんだそうです。現在、昆虫の種類は約80万種と言われていて、生物の半分以上が昆虫なんだって。驚いちゃうよね？

　では、さらに問題！　植物の中で最も繁栄し続けている種類は何でしょう？　はい、お名前は？　中西さん、どうぞ。

中）「杉です！」
◇杉!?……どうして？
中）「あれほど花粉を撒き散らすので、どんどん増えるのかなと(笑)」
◇なるほど、いいですねー、皆さん盛り上げてくださって大変ありがたい。
　さて答えは、花を持つ植物。正式には「種子植物」って言うんだけど、植物全体の8割が、この「種子植物」だって言われている。

じゃあ、どうして、昆虫や種子植物がここまで繁栄し続けてきたんだろう？

それは、昆虫と種子植物が「共生関係」にあるからなんだ。昆虫が蜜《みつ》を採り、花から花へと受粉の手伝いをする。ミツバチとか、そうだよね。共生関係とは、簡単に言うと「お互いを必要としながら生きている関係性」のこと。恐竜が初めて地球に誕生した2億年ほど前、三畳紀から、昆虫と植物の共生関係は続いているんだそうですよ。

生物学的には、弱肉強食のような関係性のことを「捕食－被捕食関係」「競争関係」っていうんだけど、弱肉強食関係にある生物たちよりも、共生関係にある生物や植物の方がはるかに永く繁栄を続けてる。と、生物学の研究から明らかになってきている。

さて、もうすでに気づいてる人もいると思うけど、**この世界を生き抜くためのヒントは、弱肉強食関係よりも共生関係の方にある**、ということを知って欲しかったから、今回はあえて生物学の研究を持ち出してみました。

当然ここにいる皆さんの組織でも同じ。「この会社で、この仕事をすることが楽しい！」って感じながら働き続けるためには、自分以外の「他者」と、お互いに必要とし合える「共生関係」を築くことがいちばん大切なんだ、と僕は考えている。

はい、この授業全体のテーマについてのお話は、ここまでにしよう。いよいよ具体的、戦略的、実践的な話になってくるんだけど、ここまでで質問、ありますか？

はい、お名前は？　鈴木さんですね、どうぞ。

鈴）「共生関係と言われましたが、現実的には理解しあえない相手もいますよね。どうしても合わないとか、生理的に苦手な人もいると思うんです。実際に私の会社にはそんな人がたくさんいて……。その場合も、共生関係って築けるものなのでしょうか？

あるいは築かなきゃいけないのでしょうか？　現実的には厳しいかなあと」

◇確かにそうかもしれないですね。では、鈴木さんは弱肉強食関係がいい……？

鈴）「というわけではないです（笑）」

◇ですね（笑）。どちらが正しいかなんて僕にもわからない。だけど、どちらがより僕たちにとって善いかという視点で言えば、僕は共生関係だと考えているんだよね。鈴木さんも、できることなら共生関係がいいってことかな？

鈴）「もちろんそうです。でも、そんな理想的な状態は、簡単には無理だと思います」

◇僕もそう思う。人間関係なんて短時間で、簡単にパパッと変えるっていうわけにはいかない。だから、理想の姿は諦めて、仕事とプライベートを割り切った毎日を過ごすことも一つ。心や身体を病んでしまう前に、会社を辞めるっていう選択肢だってあると思うんだ。そういう意味では「どんな人とでも、どんな状況においても共生関係を築かなければならないのか?」に対する僕の回答は、もちろん「NO!」です。

でも同時に「理想を諦めること」って、どんな関係も環境も「我慢して受け入れること」でもあるよね。そんなことを続けるのも、けっこう苦しいと思う。少なくとも、楽しく働いてるっていう感じにはなりにくいよね。

だからやっぱり、どちらかが正しいとは言えないと思うんです。

少し話がそれるけど、例えば満員電車で隣の人を「いい人だな」と感じる機会って少ないよね。そもそも苦手ってそういうもの。つまり、人は「知らない人」は苦手だと感じる。「何を考えているんだろう」って怖くなるし。もちろん皆さんも、僕自身も、満員電車では周囲からそう思われているわけです。こんなにいい人たちなのに(笑)。

つまり、**人を理解するための第一歩は「知ること」**。他者と生きていくためには、まず相手を「知ること」。そこからしか始まらない。

だから、少しだけ考えてみて欲しい。

・どうして、あの人は私が「イラッ」とする言動をするんだろう？
・いつから、あんな言動をするようになったんだろう？　何かあったのかな？
・なぜ、私はあの人の言葉や行動に対して「イラッ」とするんだろう？
・なぜ、私はあの人と共生関係が築けないんだろう？
・これからも、同じような状況に直面したとき、どのようにすればいいだろう？
・どうしたら、共生関係を築ける自分になれるんだろう？

……と、こんな風にね。

もちろん、すぐに答えなんて出ないかもしれないよ。でも、こんな風に考えてみること、考え続けてみることが、自分の理想的な環境をつくっていくための糧になるんじゃないかな。

絶対に無理だと感じる人と、無理やり共生関係を築かなければならないとは思わない。それでも、何かを学ぶこと、未来への糧を得ることはできるはずだって思う。

理想的な関係を築けたか、あるいは築けなかったか、という**「結果」よりも、もっともっと大切なことは、理想を追いかけながら見えてくる「希望」なんだと僕は思う。**もしかしたら、変われるかもしれない、変えられるかもしれないという、「希望」を持つこと。当たり前だけど、人間関係って簡単じゃない。難しいと思うこと、しんどいなって感じることは、ものすごく多いと思う。でもね。

人は、誰だって、どこにいたって、輝ける。もしあなたが今、輝けてないなって思うとしたら、それは自分の魅力、相手の魅力を知らないから。自分の魅力や相手の魅力って、知っているようで知らない。だから、知ることから始めなきゃならない。なぜなら、「知ること」こそが「希望」を持つためのいちばんの「武器」になるからです。

鈴木さん、素晴らしい質問をありがとう。ちょっと熱くなってしまったけど、とても刺激的で大切なことを考える時間になりました。

さて、ここから先は実践編です。

どうしたら、共生関係が築けるのか？「イラッ」とする相手が現れたとき、どのように考え、どのように振る舞うといいのか？　応援される働き方ってどういうものか？

そんな超具体的なコツも紹介したいと思う。

共生環境をつくるため、イキイキと楽しく働き続けるためには、まず最初に、自分の置かれている環境について深く理解することが必要なんです。

僕たちは案外、「社会について」「会社について」「社員として働くということについて」知らないことが多い。なぜなら、そういうことをほとんどの学校では教えてくれないから。だけど、これは社会人として絶対に知っておくべき知識だと僕は思っている。

僕の経験から言わせてもらうと、こういうことを知らなかったからこそ起こってしまった問題や、もっと早く知っていればこれほど苦しまずに済んだのに！　って感じる場面が、あまりにも多くあるから。だからまずは、自分がどのような社会を生きているのかを知る、というところから始めてみようと思う。

この本を読み終えたとき、あなたの社会人生活が、少しでも楽しく、自信に溢れたものになることを願っています。

第1章

そうか、こういう社会に生きてるんだ

知ることは超えることである
——ヴィクトール・E・フランクル（『夜と霧』）

case 1

応援される自分になる

「皆さんはまだ会社の色に染まっていない。だからこそ、私たちにはない新鮮な視点で、会社の疑問や課題などをドンドン言って下さい」

会社説明会とか入社間もない頃、よく、教育担当者や先輩社員が言うセリフ。

でも、これは罠《わな》(笑)。このトラップに引っかかってはいけない。もちろん、先輩社員も嘘を言っているつもりじゃない。正直に誠実に本心で言っているはず。だけど、「文字通り受けとめる」と、入社早々悩むことになるよ！ っていうお話をしましょう。

この「文字通り受け取る」っていうことは、実は社会ではとても危険なこと。人の言うことを信じちゃいけないって言ってるわけじゃないけど、「文字通り受け取る」

「言葉をうのみにする」前に、知っておいて欲しい、とても重要なことがあるんだ。

それは、**「この人は、なぜこのようなことを言っているのだろうか？」を考えてみる、**ということ。


ある程度、自由な学生社会と、ある程度、自由のない会社組織（笑）。

このいちばんの違いは、会社組織は、「成果を出し続けなければいけない」っていうこと。性格的に合わないとか、少し苦手だと思う人とでも、なんとか善い関係を築きながら、会社の目指す未来に向かって、みんなで目標を追い続けなくちゃならない。ここが最も違う。だから、長い長い会社生活の中で、いかにして仲間と善い関係を続けることができるかどうかがすごく大切になってくるんです。


やっぱり優秀な上司って、チームに意見が違う人がいても、根気よく意見を調整しようとしてる。なんとかして、みんなで理想を目指し続けられるチームをつくろうと、一生懸命努力してるよね。だから当然、新人にも気を遣ってる。

そんな上司に対して「私はこう思います」「こうした方がいいと思います」なんて、

何も考えないでストレートに言ったり、激しく自己アピールしたりするのは、あなたにとってもチームにとっても百害あって一利なし。

もちろん、自分の意見を持つことはとても大切。でも、まずは**自己主張よりも先に、上司の努力を「知ろう」「見よう」とする**こと。上司の言葉や行動に対して「なぜ、なぜ、なぜ？」って考えてみることが大切なんだ。

例えば、今回のケース。先輩社員は入社したばかりの緊張している新人に対して、少しでも肩の力を抜いて、早く力を発揮できる環境をつくってあげたいと気を遣っているのかもしれない……って考えてみる。あるいは先輩は、本当に新鮮な視点を活かしたいっていう気持ちを持っているのかもしれない……とも考えてみる。

そんなことを想像しながら、「どんな風に意見を言えばいいのかな？」「どんな姿勢を示すべきかな？」って、考えてみて欲しい。

そう、まずは他者を想像することから始めてみよう。仲間として認められ、信頼されて、仕事を任せてもらえるようになるためには、ここがいちばん大切。だから、感じたことを感じたままに言葉にしたり、思いつきで行動しちゃったりすることは、決して効果的なアプローチじゃない。じゃあ、どうすることが最も効果的なのか？

正解は、

「なんでもやります」

「教えて下さい」

という姿勢を示し、行動すること。ここにしか、答えはないと思う。

よく見て欲しい。できる人は、いくつになっても目上の人にこんな姿勢でいることが多い。「知っていること」「できること」をアピールするよりも、「あいつは自分が『知らない』『できない』っていうこと、よく知ってるな」と感じさせることの方が、ずっと大切だ。誰だって、そういう人を応援してやりたいなって思うからね。

「可愛がられること、応援されること」って、「教えてあげたい、やらせてみたい」って思われることでもある。ここに、イキイキと楽しく働き続けるための鍵が隠されているんです。自分を押し出すことも、もちろん大切。だけど、それ以上に大切なことが、他者から応援されること、他者の力を集めることだ。なぜならこれこそが、仕事で成果を出し続けるための最大の武器になるから。

知ってる人も多いかもしれないけど、今から約2500年前に生きた古代ギリシャの哲学者ソクラテスが、こんな言葉を残してる。

「無知の知」（最も賢い者は、自分が知らないということを知っている）

古今東西、「知らないということを知ること」「知らないという姿勢を示すこと」こそ、賢者の証、応援される人になるための最大の武器となるんですね。

tsubo 1

「なんでもやります」その一言が言えるかどうかで仕事人生が決まる

● **できる人は、自分が「知らない」「できない」ことを知っている**

case 2

会社は自己実現の場ではない

「はじめに申し上げますが、会社は自己実現の場ではありません！」

これは、僕が大学で話をさせていただく際の第一声。ほとんどの学生さんがキョトンとする。そして講義が終わったとき、

「夢を壊されたような気持ちです」と言う学生さんもいる。だけど、

「言われてみれば、当たり前のことだと思いました」

「はじめはショックでしたが、現実を知ることができて良かったです」

って、言ってくれる学生さんたちの方がずっと多い。

そもそも、自己実現って、「人生の中で、なりたい自分や在りたい自分を目指す」

ってことだよね。おそらく、人生の目的、大いなる欲求っていう感じを言うんだと思うんです。

心理学者マズローの欲求五段階説では、聞いたことがあるかもしれないけど、**人間の欲求の中で最も高度で人間的な欲求が、この自己実現欲求**だって言われてる。でも、だからこそ、会社が自己実現の場だなんて、「もったいないよ！」って思っちゃうんです。だって、会社も仕事も、あなたが幸せになるための「手段」なんだから。**会社が自己実現の場だっていうことは、会社が人生の目的で、仕事が人生の全てだって言っているのと同じ**ことなんだよ。そういう点でも、会社を自己実現の場だなんて考えちゃいけないって、僕は思うんだ。

さらに別の角度から考えてみよう。

会社は、あなたのものじゃない。当たり前だけど。

そして、会社には会社の目的がある。理念とか、ヴィジョンとか、そんな「目指すべき未来像」があって、社長も従業員もみんなでそこを目指すことが、会社の目的です。誰か個人の欲求を満たすために会社が存在してるわけじゃない。だから、会社は自己実現のためにあるわけじゃない。

でもね。会社は、あなたが幸せな人生を生きるための手段であることは間違いない。だからこそ、今いる会社で仕事をすること（手段）を通じて、あなたの自己実現につなげることはできるわけ。ただそのためには、会社の目指す未来像、目的に共感できなきゃならないわけです。

もちろん、会社は食うための手段だから、共感なんてできなくてもいい、割り切って働く、っていう働き方もあると思う。そんな働き方はダメだ、とも思っていない。

ただ、もしもあなたが今いる会社で働くことを通じて自分の自己実現につなげたいって思うのなら、あなたの会社の「目的」に共感することがいちばんの近道だと思う。

あなたの会社は、何のために存在してるのか？

どこに向かってるのか？

どこに向かおうとしてるのか？

そんなことを考えてみて欲しい。

今いる会社で、イキイキと楽しく働く。

今の仕事を通じて、イキイキと楽しい人生につなげる。

そのためにも、会社のことをもっと知ろう。会社の歴史、会社の目的、社長の想いとか創業者の想いなんかも知ってみるといいと思う。そしてそこに、あなたの未来を重ねてみて欲しい。会社の未来像を知り、それを自分の未来像に重ねることができたなら、きっと、今よりも鮮やかな未来が拓けると思うから。

tsubo 2

会社を人生の目的にしない。でも、仕事は幸せな人生の手段になる

● 会社の目指す未来像、目的に共感しているか？

case 3

やりたい仕事をやらせてもらえない

「やりたい仕事をさせてもらえない」

このような理由で辞めてしまう（転職してしまう）若手社員がいる。

「やりたいことをやるのが仕事なの？」

僕はいつも、そう思う。

もちろん、就職のミスマッチってあると思う。まともでない会社に入ってしまうっていう「失敗」だってあると思う。

でも、少なくとも**会社は、社員の欲求を満たすために存在しているわけじゃない。**

「マネジメントの父」なんて呼ばれてる、P・F・ドラッカー。超有名な経営学者で、日本の経営者やビジネスパーソンの間でもファンはとても多い。これから先も、この人の名前はよく出てくるので覚えておいて欲しい。

そのドラッカーも**「企業の目的は一つ、顧客の創造である」**と言ってるように、会社は、お客様の欲求を満たすため、社会の課題を解決するために存在している。

だから仕事は、「やりたいこと」を満たすものじゃないし、そうであってはならないと、僕は思うんです。

「やらなければならないこと」「為さねばならないこと」をやり続ける、これが仕事。「やらなければならないこと」を「やりたいことに変えていく」こと、これも仕事。はっきり言って、仕事なんてほとんど地味だ。目立たないこと、退屈なことの繰り返し。でも、その積み重ねの上に、喜びや感動がある。

自分の欲求を満たしたいっていうなら、起業するか（そんな起業は成功しないと思うけど）、芸術家を目指す（そんな芸術家もどうかな？）しかない。「自分の欲求を満たすために働いている」。少なくとも僕は、そんな人から物を買いたくないと思うのです。

わかりやすい事例を一つ。ちょっと想像してみて欲しい。

あなたは、とある飲食店に来ている。そこそこ美味しいと評判の飲食店。席に案内され、注文した商品が来るのを待ってる。まず、飲み物がなかなかやってこない。連れてきた子どもは「喉が渇いた！」と、ご機嫌斜め気味。「すみません！」と店員さんを呼ぼうとしたそのとき、突然店内が暗くなり、大きな音楽がかかり始めた。店員さんたちがバースデイソングを歌い、歌が終わるとデザートプレートのプレゼント。誕生日グループはそのサプライズに大喜び。店員さんは記念撮影や拍手で盛り上がっている。その雰囲気になんとなく付き合っている周囲のお客様。喧騒《けんそう》が収まり、お店が落ち着いた頃、やっと飲み物が運ばれてくる。店内を見渡すと、多くのテーブルから「すみませーん！」と呼ぶ声。焦って店内を駆け回るホールスタッフ。かなり待たされて、ようやく自分のテーブルにも料理が運ばれてきた……。

どう思います？

僕は、こう思う。

ここは、飲食店。基本的には飲食する場所。サプライズするのもいい。お客様を感動させるサービスを提供するのも、もちろんいい。しかし、お客様は飲食しに来ている。ショーを見に来ているわけではないのです。

だから……。

早く飲み物を提供しようよ。早く食べ物を提供しようよ。お刺身は揚げ物よりも先！枝豆を最後に出すのは問題外（笑）。提供が遅いのに、完璧なサプライズを披露するのはやめようよ。満面の笑みでサプライズをしているほどイライラするよ。それより早く注文の品を持って来てよ。必要なのはバースデイソングの練習ではなく、提供スピードの改善だよ！

そう。優先すべきは、やりたいことよりも「やるべきこと」。あなたの欲求よりも「お客様の欲求」。ドラッカーだって、こんな風にも言っている。

「第一に身につけるべき習慣は、なされるべきことを考えることである。「何をしたい

かではない」ことに留意してほしい。なされるべきことを考えることが成功の秘訣である。これを考えないならば、いかに有能であろうとも成果をあげることはできない。」

（P・F・ドラッカー著『経営者の条件』ダイヤモンド社）


やりたいことを優先するのは、「仕事」ではなく「私事」。「社会人」ではなく「個人」。やるべきこと、為さねばならないことを懸命に行うことで、社会の課題を解決し、一人でも多くの人たちの幸せな未来に貢献する。こういう働き方を、僕は「志事」って呼んでいる。「私事」「仕事」「志事」。同じ「しごと」でも、全く違う。

仕事を楽しむっていう働き方は、この「志事」だと、僕は思うのです。


経済、これは「経世済民《けいせいさいみん》」という言葉から派生した言葉。経世済民とは、「世を経《おさ》め、民を済《すく》う」っていう意味。仕事を通じた経済活動とは本来、お客様のため、社会のためにある。そしてその「経済活動」を通じて、社会をより良い社会へと引き上げること、これが仕事の目的なのです。

時々でいいから、立ち止まって考えてみて欲しい。

自分のしていることは、私事なのか？
それとも、仕事（志事）なのか？
ということを。

tsubo 3

まずは、お客様が何をいちばん求めているかを最優先にしよう

- **「やらなければならないこと」「為さねばならないこと」をやり続ける、これが仕事**
- **「やらなければならないこと」を「やりたいことに変えていく」こと、これも仕事**

case 4

僕たちは凡人

僕たちは、凡人だ。

こんな言い方をすると、ひどい人だ、冷たい人だと思われてしまうかもしれないけど、やっぱり僕たちは、凡人だと思う。僕もそうだけど、ほとんどの人は、天才なんかじゃない。一般ピープルだ。

あ、別にいじける話じゃない。落ち込む話でもない。凡人だからダメだとか、努力しても無駄だとか、そんなことを言いたいわけでもない。でもとにかく、僕たちは凡人。まずはここから出発してみよう。

さてさて、ある会社の幹部から、面白い話を聞いた。

彼の部下が、転職したいと相談を持ちかけてきたときの話だ。

彼は部下に尋ねた。

「転職して、キャリアアップして、年収どれくらい欲しいと思ってるの？」

部下が答える。

「はい、いつかは１０００万くらいを目指しています」

「ほー、１０００万ね。ところでさ、高校ってどこだっけ？」

「○○高校（地域の中程度偏差値の高校）です」

「で、どれくらいの成績だったの？」

「真ん中くらい……です」

「で、大学は？」

「○○大学（地域の中程度偏差値の大学）です」

「それで、最初の就職先がうちの会社ね。センターオブセンターだな」

「はい!?」

「年収１０００万円以上の人って、全体の何％くらいか知ってる？」

「いえ……」

「4%だよ。男性で約6%、女性で約1%くらい」

「中くらいの高校入って、中くらいの成績で、中くらいの大学出て、中くらいの会社に入社して、中くらいの働き方で、転職を考えてる」

「はぁ……」

「それが、センターオブセンター。ど真ん中の中のど真ん中のあなたが、今、ど真ん中の働き方をしながら上位4%の人を目指してるってことでしょ!?」

「……」

「めっちゃ努力してて、しかも成果を出してる人ならわかるけど、あなたの仕事を見ていると、どう考えてもど真ん中だよ。間違って欲しくないんだけど、ど真ん中が悪いっていうことを言いたいんじゃない。自分の『今』をちゃんと知ろうよ、って言いたいだけ。今の会社で成果も出してない人を、今よりいい条件で雇ってくれる会社があると思ってること自体、本当に甘い。世間は本当に厳しいんだって言いたいだけ。センターオブセンターのあなたが1000万を本当に目指してるなら、その生き方も働き方も完全に間違ってるんだよ」

こんな会話をしたということ。

人を年収だけで判断するつもりは全くないけど、日本人の平均年収は420万円（平成27年度）、平均世帯年収は542万円（平成24年度）。僕に相談してくれた、この幹部社員（30代前半）の年収は1000万円に近い。彼はそれほど高学歴ではないけれど、誰よりも成果に執着心を持ってるし、すごく努力してる。誰よりも懸命に働いているように僕には見える。

そしてさらに彼は、誰よりも部下を想う人。仕事がキツイ、給与が安いと転職して失敗している部下を何人も見てきた。そんな彼だからこそ、その言葉に僕はグッときた。言われた人にはキツイかもしれないけど、本当に温かい言葉だなって感じた。

収入が安いからと転職する人は、確かに多い。でも、今の年収がたぶん本人にとって妥当だって思ってない人に限って、そういうことを言ったりする。この収入は自分に見合わないとか。で、結局、転職した次でも同じようなことになって、再び転職を考え始める。典型的な残念なパターンのひとつになっちゃう。もちろん理想とする職場に巡りあえる人もいるけれど、その人はラッキーだなって、そう思う。

僕もそんな人をいっぱい見てきた。

「あと100万円欲しいんです」って言ったりするんだけど、「じゃ、今まで何をしてきたの？」「新しい会社で何ができるの？」って。

今の会社にしてもらったことは忘れて、不平だけを言って。あまりいい転職先に就けない姿を見るのはホントに辛い。だから、どうしても厳しく言いたくなるんだよね。

そう、僕たちの多くは、凡人。上位数％の生き方をしてきてはいない。たとえあなたがそれを望んでいたとしても望んでいなかったとしても、ね。

まずは、そこを知って、そこから未来を描き始めればいい。あなたの「今」を見つめること。その上で、そこから未来を描くこと。それが大切なんだと思うのです。

そして、こんな風に考えてみて欲しい。

もしも、あなたが会社を辞めようとしたとき、周りの人たちから「頑張れよ、お前ならやれるよ！」って言ってもらえる自信があるかな？　って。

もし自信がないなら、まずは応援される辞め方ができるような働き方をしよう！

まずは、今の会社でね。

「大丈夫、あなたならどこに行ってもやっていけるよ」
「他の会社に行っても期待された成果を出せるよ！」って、そんな風に言ってもらえるような働き方をすること。そこから未来を描けばいい。

僕たちは、凡人。
僕たちは、天才じゃないんだから。

tsubo 4

自分は「凡人」であることを受け入れているかが天才に近づく一歩

●自分の「いま」をちゃんと認識しよう。「今まで何をしてきたか」「何ができるか」を

case 5

「こんなはずじゃなかった」のワナ

何かの記事に、就活のポイントについて、こんなことが書いてあった。

「これからの就活で好印象を与えるためのコツは、『実際に現場に行ってみる体験から語る』こと。リアルな店舗を展開している企業であれば、そのお店に実際に行ってみるなど……（中略）インターネットや会社説明会などから得られる情報だけではない、リアルな情報が差別化ポイントになるでしょう」的なことが書いてあったと思う。

え!?　そんなの当たり前でしょ？　自分が就職したいと思う会社のリアルな情報を知ろうとしないの!?って、素朴に驚いてしまった記憶がある。

たとえば、出版社を受ける場合には、出版されてる本を読むのはもちろん、本屋さんで陳列されてる姿を見たり、化粧品メーカーを受けるときには売り場を見たり、使ってみたり……と、併せて同業他社も簡単な情報収集をするとか。そんなことしてる人は実はすごく少ないっていうこと。これには本当にビックリした。

ってことは、就職する学生たちは何も知らないで、ほぼ「幻想」「妄想」を描いて会社に入社してるっていうことになる。リアルな会社や現場を知らないで入社してきた学生たちが、「現実は違った」ってなる。これってどうなのよ!? って思うわけです。

そんな現実が実際にあるのに、就職活動そのものを見直すっていう大きな動きは全く見られない。さらには第二新卒転職市場（入社3年以内の転職市場）なるものが登場している。幻想・妄想の就活をして、第二新卒市場で覆水を盆に戻そうとする。こんな社会の仕組みの中に、僕たちは生きてる。「就職で人生は決まる」と、さんざん煽《あお》っておいて、第二新卒市場では「入社3年以内転職は間違っていない！」って元気づける。おいおい、一体何をやってるんだ、って話でしょう？

さらには、こんな事例だって頻繁に見たり聞いたりする。

サービス業の社員やアルバイトの面接で、

「接客が好きなんです！」

「お客様にありがとうと言われる仕事がしたかったんです！」

って答える人は、実は長続きしないって。ちょっと不思議だね。

でも、サービス業の経営者や採用担当者に聞くと、ほとんどの人が、

「そうそう！　その通りです！」と答える。

データこそ取ってないけど、僕も実感してるから、そうだよねって、大きく頷《うなず》ける。


サービス業は、確かにお客様から「ありがとう」って言われる素晴らしい仕事。もちろん、仕事に対するイメージとしてはその通り。決して間違ってはいないんです。

でも、実はここに「幻想の罠《わな》」が存在する。

例えば飲食店。「ありがとう」「美味しかった」って言われる素敵な仕事。だけど、洗い場やトイレ掃除、チラシの配布やポスティングっていう仕事だってある。一般のサービス業だって同じこと。最後に「ありがとう」と言っていただけるまでに、地味で、大変で、当たり前の仕事が無限にある。きつい仕事、汚い仕事、クレーム対応、華やかで綺麗でない仕事がほとんどだ。

だから入社してすぐに、「こんなはずじゃなかった」って、幻想が打ち砕かれて、退職していく人が後を絶たない……。

ちょっと余談で、笑い話みたいに聞こえるかもしれないけど、面接のときに、「家から近かったから（地元で働きたかったから）」

こう答える人が、長続きする可能性が高い。

これも多くの人からよく耳にする話だから、事実かもしれないですね。

僕の会社員時代、かつての上司に、いっつも言われていたことがありました。

「仕事は段取りが9割、成果は1割」

ほんのわずかな1割の成果を出すためには、9割の段取りが必要なんだってこと。

つまり、9割の地味な仕事を一つ一つ積み重ねていくことで、初めて1割の成果にたどり着けるんだってこと。その上司はここにもう一言付け加えた。

「9割のつまらない仕事をきっちり積み上げることができたならば、1割の成果に対する喜びは10割をはるかに超える。それが仕事の楽しさなんだ」って。

富士山に登ることを想像してみて欲しい。麓《ふもと》から頂上へと登る道のりは、はっきり言ってとても苦しいし、ただただ地味だ。でも頂上にたどり着き、そこから見える圧倒的な景色に触れたとき、それまでの苦しみは一瞬にして吹き飛ぶ。段取り9割、成果は1割、喜びは10割をはるかに超えるっていうのは、つまりそういうことなんです。

だからまず、幻想は捨てよう。

幻想を捨て、現実を見よう。

現実を積み重ねたその先には、幻想をはるかに超える未来が待っているんだから。

tsubo 5

「こんなはずじゃなかった」はバカげた妄想・幻想が原因

● 9割の地味な仕事を積み上げた後に1割の成果にたどり着ける

case 6

「勝つ」前に「負けない」ための武器を持つ

「犬も歩けば棒に当たる」

この諺《ことわざ》は知ってるよね？

じっとしてないで何でもいいからやってみよう。そうすれば思いがけない幸運にあうよ！　そんな感じで理解していると思う。だけど、本来の意味はまるで逆。犬がウロウロしていると、人に棒で叩かれるかもしれないよ。気をつけなよ。つまり「でしゃばると災難にあうよ」という意味で使われていた。結構シュールな諺だよね。

なぜこの諺を持ち出したのか？　それは、これが「社会の現実」だから。今、あなたが良い環境で仕事ができていたら、実感できないかもしれないけど、現実はこっち。

「でしゃばると災難にあう」

こう考えた方がいい。僕はそう思ってる。もちろん何も言わず、波風立てず、事なかれ主義を通せとは思わない。でも、現実を知らないと、この諺のように、棒で叩き潰されてしまうことだって大いにあり得るんだよ、と伝えたかった。

今、あなたがとても良い仲間や上司に囲まれて仕事ができているとしたら、それはとても幸運なこと。でも、遠くない将来、異動や転勤などで最悪な環境になる可能性は大いにある。社長やオーナーが代替わりして経営方針が180度変わってしまうこともあれば、取引先の状況によって急激に社内が変わってしまうことも……。数え上げればきりがないくらい、現実は変化する。そんな現場を僕はたくさん見てきた。

そんなとき、負けちゃったらおしまい。一度負けちゃうと、負のループから抜け出すことは本当に難しいから。勝たなくたっていい。でも、負けたらおしまい。長い仕事人生の中で、どんなことがあっても負けて欲しくない。「勝つ」前に「負けない」こと。何よりもそれが重要だと僕は思ってる。

もちろん、素晴らしい現実もたくさんある。ただ、現実を知らずに、あまりに無防備で、何の鎧も付けずに、社会や会社、他者に対して過度に期待しすぎて、足をすくわれる。それもまた現実。だからこそ、僕はあなたに「負けないための武器」を配りたいと思う。社会にも会社にも上司にも、そして自分自身にも負けないための武器を。

その武器とは何か？　それは、「知ること」。現実に負けないで、**この社会を生き抜いていくためにもっとも大切なことは「知ること」**なんだ。

仕事をしていく上で、商談のやり方や販売・営業のやり方、マーケティングや開発、設計のやり方など、様々な仕事の「やり方」はもちろん、自分の会社を知る、商品の魅力を知る、他社を知る、業界を知る。仲間や部下、上司など、他者を知る。自分たちを取り囲む社会や世界を知ること。とにかく知ることが最も大切なんです。

なぜなら、あなたは幸福に生きなくちゃならないから。

人生は、幸福になるためにある。僕はそう思っている。幸福になるためには、あなたが、今いる場所で輝かなくちゃならないよね。**自分が輝くためには、自分の置かれている環境、会社や仲間や業界のこと、僕たちが生きているこの社会のことなんかをちゃんと知ること、それも深く知ることが大切**だ。深く知った上で、自分の生かし方、振る舞い方を考える。これがとーっても大切。なぜなら、自分の生かし方を知るためには、自分の周りのことをよーく知らないとできないことだから。

だから、自分の意見を主張してアピールする前に、自分のいる場所（会社）をよく知り、仲間を知ろう。動く前に、その場所について、あるいは相手について、上司についていて、この会社について、ちゃんと知ろう。そうしないと早まってしまう。勇み足になって、棒で叩かれて潰されてしまう。だから、「勝とう」と早まらずに、はやる気持ちを抑えて、ちょっと立ち止まって、知ろうとすること。それが負けないための最強のコツ。イキイキと幸せに働き続けるための大きな武器なのです。

tsubo 6

「やり方」に振り回されるな。それ以上に「知り方」が大事

●自分のいる場所、仲間、会社のことをよく知ることで、自分の生かし方が見えてくる

case 7

働き方改革から見える「現実」は

「働き方改革」。最近よく耳にする言葉だよね。政府が掲げている重点項目は色々とあるんだけど、その中でも「長時間労働の是正」は、誰にとっても身近で、関心の高い部分なんじゃないかな、と思う。

残業時間を減らし、仕事以外の時間を増やすことで、消費にあてる時間を増やし、経済を回す。子供のいる家庭では、空いた時間で夫婦が共同で子育てできるので、女性の働く機会を増やすことができる。他にも、地域活動や政治への参加による参加型社会の実現や、自己啓発などの自己成長の時間を増やすことによる能力向上など、様々な理想を描いてる。

そんな流れから「ワークライフ・バランス」とか「有給休暇の取得」とか、プラスの面ばかりが注目されてるけど、実は、ここに大きな落とし穴がある。

今、多くの会社が勤務時間を減らしたり、いろんな働き方を提案したりしながら、この働き方改革を進めている。職場環境が改善されることはすごくいいことだと、僕も思う。

でもね。ほとんどの会社では、人口減少による人不足ですごく困っている。そして、当たり前のことだけど、それでも業績向上や成長発展を諦めるわけにはいかない。

そう、これからの時代は、

「少ない人数で、短い時間で、今以上の業績を達成しなきゃならない」

これが、働き方改革がもたらす「現実」なんだ。

つまり、一人ひとりの「能力」や「成果」が、これまで以上に重視される、厳しい時代になっちゃった、というわけ。「早く帰れる」「自分の時間が持てる」などと、能天気なことを言っている場合じゃない。若い人は特に、一日も早く一人前にならなきゃならない。スピードと効率を、これまでよりもっと求められる。そんな未来に舵は切られたというわけだ。

長時間労働が美徳だという時代は、まもなく完全に終わる。集中して頑張って、早く仕事を終えたのに、雰囲気的に帰りづらい職場環境……。そんなバカバカしい風潮は今すぐにでも廃止すべきだと、僕も思う。だけど同時に、みんなでゆっくり働いて、残業代ももらえて、業績も上がっていく。そんな大らかな時代は終わってしまったという、一抹《いちまつ》の寂しさもある。

社会の成長スピードは鈍化しているのに、僕たち一人ひとりの成長スピードは加速させなくちゃならない。そんな時代に僕たちは生きているということは、決して忘れないで欲しい。これが、働き方改革のもたらす、リアルな現実でもあるんだから。

tsubo 7

いいなと思うことも、違う角度から見る必要がある。罠はいたる所にあるから。

● 社会の落とし穴を見逃さないこと

第2章

観客を想定していますか？

離見の見にて見るところは、
すなはち見所同心の見なり。

――世阿弥（『花鏡』）

case 1

「どんな研修がありますか？」

ここ何年か前から、社長や採用担当者の方からよく聞くことがあります。「最近は、採用面接のときに『どんな研修が用意されていますか？』と聞かれるようになりましてね……」と。

「会社の教育方針について聞くことは当然」と思う人もいるかもしれないけど、この話をされる社長や採用担当の方は少し困ったような、驚いているような、そんな感じで語られる。一体、何に困っていて、どこに驚いているのか？

気づいている人もいるかもしれないけれど、この質問は、「自分をどうやって育ててくれるの？」「研修は与えられて当然ですよね」って感じさせる言葉。本人にその気があってもなくても、「相手にそう感じさせてしまう」言葉。だから受け入れ側は困惑してしまうわけです。

面接って、企業担当者に「お、この人は活躍してくれそうだな」と思わせることができるかどうかの「勝負の場」とも言える。そんな場で「私はしっかりと教えてくれるシステムがないと活躍できません」なんて受け取られるようなことを言ったらダメだ……なんて考えてもいない。だから、困ってしまう。つまり、**「相手がどう思うのか、を考えていない」ことが大きな問題**ということ。僕はこうした仕事のやり方を「観客を想定していない」って言っています。

面接って自分が入社する会社を知るための場でもあるけど、そもそも自分を売り込むための場だよね。「自分を売りたい！」人と、「いい人を採用したい！」人との勝負の場。働く人口が減少し続けている現代社会では、多くの会社が「人が足りない」という課題を抱えていて、就職活動は売り手市場だ、なんて言われてる。でも、だからと言って「会社が私を満足させてくれるっていうのなら、私も頑張ります」なんていう印象を与えてしまったら、自分の価値を下げることにしかならないでしょ。

入社後だって同じ。少しでも早く先輩の信頼を得て、やりがいのある仕事を任せてもらうためには、「育ててもらおうとする」んじゃなく、「自ら学ぼうとしている。と、感じさせる」ことが大切だって、僕は思う。

「自ら学ぼうとしている」と「感じさせる」。実はこの**「感じさせる」ということが、とても重要なポイント**。

たとえば、「私は、自ら学ぼうとしています！」って、いくら主張したって、相手からそんな風に見えなければ、あるいは相手があなたを「よく学んでいるな」って感じなければ、意味がない。もちろん、人が見てないところでも努力しない限り成長することはできないし、努力は絶対に無駄にはならない。でも、いくらあなたが頑張ったって、成長していたって、相手が知らなくちゃ意味がない。だからこそ、「自ら学ぶ」ことと同時に、相手に「学んでいるな、って感じさせる」ことが重要なんです。

厳しいと思われるかもしれないけど、**この社会では「見える」か「見えないか」が全ての判断基準になる**といっても過言じゃない。もちろん、表現が苦手な人だっているから、僕はリーダーに対しては「結果だけで判断するんじゃなく、一人ひとりのプロセスをよく見なきゃいけない」と言い続けています。だけど、現実はそんなに優しくないって思った方がいい。あなたの努力や結果に至るプロセスをきちんと見ようとしてくれる上司は、それほど多くない。すごく残念なことだと思うけど、これも現実。この社会は「見えるか」「見えないか」が全てだ、ってくらいに考えた方がいい。

少し話が逸《そ》れるけど、僕たちの暮らすこの社会は、そんなに優しい社会じゃないかもしれないって思うことがある。もしも、この社会を上手く生き抜くことができない人がいて、その人が「負ける」ことになっちゃったとき、この社会は救いの手を差し伸べてくれると思いますか？　助けてくれるか、くれないか？　っていうことです。

実は、こんな調査データがあるんです。

「自力で生活できない人を、政府が助けてあげる必要はない」

こんな風に考える日本人の割合って、どれくらいだと思います？　調査結果は次の通り。

実は、**4割近くもの人が「困った人を助けてあげる必要はない」って答える、そんな国に僕たちは暮らしている**。努力とか誠実さとか、人柄とかそんなこと関係なく、

「自力で生活できない人を政府が助けてあげる必要はない」と考える人の割合

日本	38%
アメリカ	28%
イギリス	8%
フランス	8%
ドイツ	7%
中国	9%
インド	8%

(「What the World Thinks in 2007」The Pew Global Attitudes Project)

病気とか介護とか、あるいは倒産やリストラとかが原因で職を失ってしまったとき、自力で生活することが困難な状況に陥ってしまったとき、僕たちの国では「自己責任だ」「自分で何とかしろ」と言われちゃう可能性って、すごく高いのかもしれない。僕はこのデータを見たとき、そう思った。

あまり知られていないけど、日本の子どもの16%、約6人に1人が貧困だという現実がある。正社員じゃない労働者、非正規雇用労働者は、全労働者の約4割を占めている。自力で生活できなくなってしまう状況は、僕たちにとって決して他人事じゃない。だからこそ、まずは勝つことより負けないこと。「負けないで生きる」ことが大切だと、僕は思う。

「見えるか」「見えないか」が全てだって考えてみること、社会はけっこう厳しいんだって考えてみることが大切なんだって、強くそう思うんです。

自分は、他者からどう見えるのか？

このことを常に意識することが、この社会を生き抜くための武器になる。相手に期待するんじゃなく、「自分が何を期待されているかを考えて行動する」ことこそが、他者から応援され、イキイキと楽しく働き続けるための近道になる。このことを絶対に忘れないで欲しい。

tsubo 1

「私、そんな人じゃない」と言ったところで、相手にどう見えるかがすべての判断基準

●自分は何を期待されているのか？考えて行動する

case 2

振る舞って生きる

「振る舞って生きる」「演じて生きる」

この言葉を聞いて、もしかしたらあなたはこんな風に思うかもしれない。

「それは、自分を押し殺して、相手に迎合しろっていうこと？」

「ありのままの自分は無視して、演技して生きろっていうこと？」

そもそも、本当の自分、ありのままの自分って、どんな自分だと思いますか？

これは、なかなか難しい質問だよね。

かく言う僕自身も、10代20代の頃は特に「自分らしく生きたい」「誰かに迎合する生き方はしたくない」って、強く強く思ってた。かなり生意気で、嫌な奴だったと思う。社会を斜めから見ていたとも言えるかもしれない。ただ、少しずつ歳を重ねて、経験を積んでいくうちに、僕はこんな風に思うようになった。
「僕は、何のためにツッパっているんだろう？」って。

とはいえ、ある日キッパリとそんな自分を卒業しようと決めたわけじゃない。

僕の経歴を書くと長くなるからやめておくけど、とてもありがたいことに、僕は幸運だった。たくさんの、素晴らしい師匠との出会いがあった。折れそうになる（本当に逃げ出そうとした）厳しい環境で学ばせてもらう機会もあった。また、想像もしなかったような面白い職場環境に身を置かせてもらったことや、まったく年齢の違う若者や年配の方々、職業も立場も経歴も千差万別、っていう人たちと接する機会が多いこと、結婚したこと、子どもを授かったこと……。僕は本当にたくさんの場所で、たくさんのことを経験させてもらい、たくさんの気づきをいただくことができた。だからいつの間にか、そんなことにこだわらない自分がいたんだろうって、いま振り返ってみるとそう思います。

だから僕は、あなたに偉そうに言える立場なんかじゃないんです。あの頃の自分が隣にいたら、張り倒してやりたいって、心から思う(笑)。そんな人生を過ごしてきた僕は、この本を書いている間も、こんな風に考えています。

「かつての自分が、今の自分みたいな考え方や方法論を知ってたら、もっと早くから仕事を楽しめたかもしれない……」って。

だからこの本は、もちろん読者の皆さんに向けて書いているんだけど、同時に、かつての自分自身に向けて書いている、とも言えるかもしれない。


さて、話を本題に戻します。

あなたは、この「ふるまう」っていう言葉の意味を知っていますか？

実はこの言葉、室町時代の「世阿弥《ぜあみ》」が最初に使った言葉とも言われていて、能の役者である世阿弥が、観客に対して舞台で「どのように振る舞うか」というときに、初めて使われたとも言われているんです（諸説あるけど）。

そしてまた、この「ふるまい」を辞書で調べてみると面白い。これには「おもてなし」っていう意味も含まれてる。「おもてなし」という言葉にも諸説あるけど、「表なし」つまり「裏しかない」という意味だって言う人もいる。いずれにしても、相手を喜ばせるために裏でしっかりと戦略を練って、相手に悟られないように実行するっていうこと。

つまり**「おもてなし」っていうのは、相手との真剣勝負**。相手の期待水準、相手の「読み」を超えて、「いやー、一本取られました！」って相手に言わせる。提供する側も、される側も、大いに楽しむ。それが「おもてなし」の真髄なんですね。

僕はこの本の中で**「相手に集中すること」「相手の期待を知ること」「○○会社人として魅力的に振る舞うこと」これが大切**だって何度も言います。なぜなら、こんな風に「コミュニケーションを魅せる」っていう視点を持つことは、楽しいと思っているから。そして、お互いに相手の出方を楽しみ合うような、そんな「大人の関係」を目指すことは、みんなから応援される生き方、働き方を目指すための近道だって考えているからなんです。

「振る舞う」って、相手のために自分を捨てることなんかじゃない。「相手をよく知って、コミュニケーションを楽しむ」こと。それが、振る舞って生きるっていうこと。

時々でいいから、こんな風に考えてみて欲しい。もしかしたら、「本当の自分」って、そんなあなたの振る舞いを見つめる「もう一人の自分の中」にいるのかもしれない、ってね。

tsubo 2

「振る舞う」とはお互い真剣勝負の大人の関係

- 相手をよく知りコミュニケーションを楽しむことが振る舞って生きるということ

case 3

人は誰でもすでに一流の役者である

平野啓一郎氏の小説『空白を満たしなさい』を読んでいたら、すごく面白い一場面に出会った。ここではその一部を使って、面白い体験をしてもらいたいと思う。

僕の名前は、森憲一。

両親、祖父母は僕のことを、憲一と呼んでいた。

幼馴染《おさななじみ》からは、憲ちゃん。大阪人なので、森やんに変わり（大阪の人はわかると思うけど）、高校大学はもっぱらモリケン。後輩からはモリケンさん。中学時代に、美人の後輩から森先輩！　と呼ばれて、ドキドキしたことを今思い出した（笑）。

会社に入ると、先輩からは森。後輩からは森さん。

この歳になったので、多くの人が森さんと呼び、コンサル先では、森先生、先生と呼ばれてる。
妻は、憲一君。子ども達からは、パパ。

さて、あなたもやってみて欲しい。
①まず、呼ばれ方を思い出して、書き出してみよう。
②次に、それぞれの「呼ばれ方」で呼ばれたときの自分を想像してみよう。
③最後に、具体的な相手を想像して、その人からそれぞれの「呼ばれ方」で呼ばれている場面を想像してみて欲しい。

あなたのことをそんな風に呼ぶ「誰か」はそれぞれ、あなたを様々なイメージで見ているはずだよね。僕のことを「憲一」って呼ぶ祖父母は、可愛い孫として。憲ちゃんって呼ぶ友人たちの持つ「憲ちゃん」イメージと、「モリケン」って呼ぶ友人が持つ「モリケン」イメージ。森さんとモリケンさんと森先輩と森先生……。みんな違うイメージを持って、僕のことをそう呼んでる。
そう、あなたも様々な人から様々なイメージで「見られて」いるんだ。

さらにあなたは、ただ「見られて」いるだけじゃない。呼ぶ相手や呼ばれ方によって、違った接し方、つまり振る舞い方をしてる自分がいるはず。誰もが無意識に、相手によって自ら演じ方を変えている。誰もが、相手が持つ自分に対するイメージの数だけ、少しずつ違う自分を演じてる。そう、あなたも普段から何役も、違った自分を演じ分けているってことだ。

もしも、あなたがコミュニケーション上手な人は天性だ、羨ましい……なんて思っていたとしたら、これからそういう人たちを「振る舞い」の視点で見てみるといい。きっと今までとは違う何かが見えてくると思う。

tsubo 3

誰でも無意識に、異なる自分を演じ分けている

●あなたも様々なイメージで「見られて」いると知ろう

case 4

「見られる」から「魅せる」へ

ここではお名前は伏せておくけど、あるとき、僕が尊敬する一流のホテルマンから、こんな質問をされたことがある。

「森さん、一流サービスマンの条件ってなんだと思いますか？」って。

「目配り、気配り、心配りですか？」

「もちろんそれも大切ですが、もっと素朴なことです」

「え、なんでしょうか……聞き上手ってことですか？」

「実はこの話、私も尊敬する先輩から伺って、目からウロコだったんです。答えを言いましょうか？」

悔しい！　と思ったけど思いつかず、降参して答えを伺うと、

「一流のサービスマンは、『一流の客であれ』ということなんです」

「一流の客というのは、一流のサービスをたくさん経験するっていうことですか？」

「いえいえ、もっともっと日常的なことです。例えばレストランやコンビニで、店員さんが気持ちがいいと思うような態度で接するということです」

「え!?　自分が、レストランやコンビニの店員さんにとって、気持ちの良いお客かどうか、っていうことですか？」

「そうなんです。私も最初、う～んと考え込んでしまいましてね。でもよくよく考えてみると、あ～、これは深いなぁと、大変納得させられたんです」

「……と言いますと？」

「**いつでも、どこでも、誰にでも、相手が気持ちよく感じられるかどうかを心がけることができるか、これが一流と二流の違い**なんだそうです。私も、ホテルにいるときはもちろん最高のサービスでお客様に接しようと心がけてはいますが、そこまでは意識していなかったというのが現実でした。もちろん、一流のサービスを体験することも非常に大事なのですが、立場や報酬に限界のある若手の人でも、いつでも誰でも自分を磨くことができるということを教えられました。なかなか、深いお話でしょう？」
「なるほど、確かに深い話だ」って、僕も深く感心させられたんです。

さて。ではなぜ、ここで僕があなたにこの話をしたのか？　それは、この章のテーマ「観客を想定して生きる」ということについて、話をしたかったからです。

このお話をしてくださった方は、どんなときでも常に「一流のホテルマン」。どんなにお酒を楽しまれていても、シャキッと背筋を伸ばされ、スーツも乱さず、でも堅苦しさも感じさせない紳士。誰に対しても、どのような状況下でも、ずっと一流のホテルマン。

常に相手にとって気持ちのよい振る舞いをされるので、誰もがその方のファンになり、そのホテルを利用してみたいと感じる。だからみんな、そのホテルのファンになっちゃう。そうした素晴らしい振る舞いに、僕はいつも見惚れてしまうのです。

さて、64ページでも登場した「世阿弥《ぜあみ》」。実は彼が残した「離見《りけん》の見《けん》」という有名な言葉がある。彼は「能」の役者でした。演技を追求し、一流の役者はどのような視

離見の見

点を持つべきか？　と考えを巡らせていたとき、舞っている自分が、観客からどんな風に見えているのかという視点、離れた所から自分を見る「離見の見」という視点を見出した。

当たり前のことだけど、どんなに一流の役者でも、自分から離れて観客席から演じている自分を見ることはできない。でも観客を魅了し、たくさんのファンを獲得する一流の役者であり続けるためには、この「自分を離れて、観客の目で見る視点」を獲得しなければならないと、彼は考えた。まるで幽体離脱みたいな状態で自分を見るという視点をね。

僕はこの「離見の見」という言葉に触れるたびに、いつもこの方を思い出す。「○○ホテル」の人間として、常に見られている意識を持ち続けている。そして、まるでそのことを楽しんでいるみたいに、「常に観客を想定」し、「相手が心地よいことが心地いい」という姿勢を貫いている。その方といると結局、みんながこのホテルのファンになっちゃう。そんな姿を見るたびに、世阿弥のこの言葉を思い出すんだ。

これは、決して一流のホテルマンだからという話ではない。僕も含めて、社会人として、どんな職業に就いている人にとっても同じこと。

○○会社に入社したあなたは、あなた個人であるのと同時に、○○会社人として見られるようになる。だから、あなたが考えなきゃならないことは、

・「○○会社人」に対して、他社（他者）はどんなイメージ、期待を持って見ているのか？

・「○○会社人」として、どのような立ち居振る舞いをすれば、他社（他者）から応援されるのか？

っていうこと。考えるべきは、自分自身ではなく相手。

相手があなたに対して持っているイメージや期待を「想像する」こと。相手から、ただ「見られている」だけの状態から、**プロフェッショナルな仕事人として、相手の期待を知った上で、相手に応援したいと思ってもらえるよう振る舞う**こと。これが**「魅せる」**っていうことなんだ。**「見られる」から「魅せる」へと意識を変えてみる**だけで、あなたの振る舞いは大きく変わる。

さすがに、このホテルマンの方のように「魅せることを楽しみながら生活する」レベルにはなかなか到達しないかもしれない。僕もできない。でも、誰にもすぐにできることがある。

例えばそれは、服装など身につけるもの。

大切な商談の日には、以前に商談が成功した時と同じネクタイを締めるとか、そういう、勝負服を身に纏《まと》う、なんていうのもある。これも「日常モード」から、「会社モード」に、意識を切り替えるための工夫の一つ。高価なものじゃなくてもいい。意識が変わるアイテムを身につけるとか、あえて、普段の自分では買わないような高価なものを買ってみるのもいいかもしれない。それを付けた瞬間、それを見た瞬間に気持ちが変わるような、ちょっとした工夫をすることから始めてみる。それだけでも、「魅せる意識」は変わるはず。

魅せるためのマインドはもちろん大切だけど、形から入ることで意識を変えていくこと、自分が「その気」になれる魅せ方を考えることだって、とても大切なこと。簡単なことで構わないから、目に見えるところから変えてみることで、あなたの日常はきっと少しパリッとする。ぜひ、チャレンジしてみて欲しいと思う。

tsubo 4

相手があなたに対して持っているイメージや期待を想像しよう

● 形から意識を変えることもできる

case 5

あなたは「会社人」になれているか

最初に、質問。ちょっと考えてみて欲しい。

あなたは、常に観客を想定して生きていますか？

さて、これから話すことは、僕が主催する勉強会の1シーン。実際にあった話。その勉強会を簡単に言うと「成果を上げるための勉強会」。「仕事のやり方をきちんと学ぶ」ということになるのかな。会社だけでなく、業種もまったく異なる会社から参加者が集まり、自社の目標達成に向けて学び合う7カ月間の勉強会だ。僕は、その勉強会の講師を務めている。参加者は「自社の目標」について発表し、また「目標達成に向けて、どんな取り組みをしているのか」や「その取り組みによって生まれた変化や成果」等々をプレゼンし合い、参加者全員で学び合う、そんな勉強会だ。

ある日、一つのチームの発表が終わり、参加者から質問があった。

「なぜ、その数字目標を目指しているのですか？」

おそらく、発表内容を聞いても、彼らの本気度が伝わらなかったんだと思う。質問された人は少し戸惑った様子で、次のように応えた。

「ぶっちゃけ、決算賞与の関係があるので……それが一番の理由です」

「……」

ちなみに、ここは居酒屋じゃない（笑）。そんなにラフな研修でもなければ、オブザーブ席には各社の社長たちもいる。そんな席でこんなこと言う人いる？　本当に!?　と疑われるかもしれないけど、いやいや、こういうことって、実はすごく多いんだ。

他にも、

「正直、こちらを選んでいただくと訪問が1回で済みますので……」

「実は、性能は同じなのですが、こっちの方が利益が高いので……」

等々。

これなら言いそうな感じがする？

もちろん、心の中で思うのは自由。商売なんだから、正直に言えばそういうことだってあるに決まってる。

ただ、あなたが「○○会社の社員」である以上、常に「目の前にいる人がお客様になる可能性がある」っていう姿勢だけは忘れちゃいけない。**どんなに気心が知れた関係になったとしても、やっぱり「個人」と「公人（会社人）」という2つの役を演じ分けなきゃならない。**もちろん発言だけじゃない。服装や立ち姿、話す言葉や話し方など、あなたは常に「○○会社人」として見られていて、○○会社人としての言葉や行動、振る舞いを期待されているからだ。

あなたは常に観られている。言い換えれば「○○会社人という役」を魅力的に演じることができているかどうかを期待されているっていうこと。相手の期待を知ること、期待されていることを意識して生きること、それが「観客を想定して生きる」ってことなんだ。

成果を上げるためのチャンス（機会）は、いたるところにある。
でも逆に、成果を下げることになる機会も、いたるところにある。
最後に、もう一度質問しよう。

あなたは観客を想定して生きていますか？

tsubo 5

ここは家じゃない。素になるな。油断は禁物

● ○○会社の社員であることを常に忘れない

case 6

自分の魅力を知ることも、仕事のひとつ

自分の長所とか短所って、自分が思っていることと違っていることがほとんどだ。就活のときに「自分の強み」「弱み」について真剣に考えたから、わかってるよ！っていう人もいるかもしれないけど、実はこれ、かなりズレてる場合が多い。

僕がかつて演劇の勉強をしていたとき、すごく面白い演習をさせられたことがある。それは、こんな感じの演習だった。

①一人がみんなの前に出る。仮に山下くんとしよう。まずは、山下くんがみんなの前で「自分の長所と短所」を発表する。このとき、「自分が思う長所と短所」ではなく、「仲間が、自分のどこが長所で、短所だと思っているか」を発表することが大事。
②その後に、みんなから、山下くんの長所と短所を言ってもらう。

実はこの演習、何人やっても、これがほとんどズレてる。

僕が師事していた演出家の元には、たくさんの役者たちが映画やドラマでデビューする前に演技の勉強をするため、事務所から送り込まれてきてた。演出の勉強をしていた僕たちは、その様子を頻繁に見学させてもらった。今となっては超有名人もたくさん来ていた。もちろんその役者たちも、この長所と短所の演習をしていた。

そこで、驚いたことがある。今でも芸能界で活躍し続けているような人たちはみんな、この「長所と短所」にほとんどズレがないということ。なぜだと思う?

実はこの演習、役者にとってはとても大切な演習だった。役者って、観客から見える「自分の魅力」を知ってることが、すごく大事。考えてみて欲しい。役者が「私はここが魅力だ!」って、いくら思っていても、その魅力が「観客から見える魅力」じゃなかったら、その役者は観客にとって魅力的じゃないからね。

あるいは、こういうことも言える。その役者を起用する監督や演出家にとって、その役者に期待する魅力を役者本人がちっともわかっていなかったり、大きくズレていたりしたら、期待した役を演じることはできない。全ての関係者たちを失望させることにもなる。だから、役者にとってこの演習はとても重要だったんだ。

さて、あなたはどうかな？　他者から見た自分の魅力って、わかっていると思う？

僕もそうだけど、ほとんどの人が経験したことがある、例えば、こんな事例。


あなたが、家族や友人と一緒に洋服を買いに行く。

相手が「たまにはこういう服着てみたら？　似合いそうだよ」と提案してくれる。

「えー、そういうのは似合わないよ」と、躊躇《ちゅうちょ》する自分……。

逆のパターンもあると思うけど、こんな経験をしたことある人、きっと多いと思う。

そう、他人から見た自分の「お似合いの服」と、自分が考える「お似合いの服」は、意外とズレていることがある。こんなことは他にもたくさんあるよね。他人から「もっとこうしたらいいのに……」的なことを言われても、受け入れられないとかね。


そう、実は**自分の魅力、自分の生かし方って、他人の方が知っている。**いや、そう思っていた方がいい。「他人が見たい自分の魅力」をちゃんと知っている人って、可愛がられたり、応援されたりしてる人が多いから。もちろん、他人に迎合しなくちゃならないとか、媚《こび》を売らなきゃならないって言っているわけじゃない。でも、自分で考える自分の魅力なんて、たかが知れてる。だから、他人に、できれば親しい仲間たちに聞いてみるってことが大切なんだ。

私って、どこが魅力？　ってね。あ、間違っても、唐突には聞かないように(笑)。

「長所と短所」のワークは、僕も時々、社内でやることをお勧めしてます。

研修のように、ちゃんとみんなで言い合える場をつくるのがベスト。そのときに短所はやめておこう。短所を言い合えるのは、かなりの応用編。社内の良好な人間関係を保つことも大切だからね。

tsubo 6

他人から見た自分と、自分が考える自分のズレをチェックしてみよう

● 自分の長所を他人に聞いてみよう

case 7

報告はメールで終わらせない

たとえば、
「ちゃんと仕事の報告をしなさい」
こんな風に言われていたとする。
あなたは毎日、業務が終了したら上司に1日の報告メールをしている。
それなのに……。
「ちゃんと報告しろよ！」と、上司に言われたあなたは、
「メールしてます」と答える。

これは、完全にアウト！　だ。いや、アウトだと思っていた方がいい。
上司がなぜ「ちゃんと報告しなさい」と言っているか考えてみよう。

なぜ、報告を求めているのか？

上司は、「安心したい」と思っているからだ。


あなたがきちんと仕事をしているか？

お客様にも取引先にも迷惑をかけていないか？

上司は不安なんだ。だから、あなたがきちんと報告してきてくれることで、安心したい。もし足りないところがあれば教えたい。あなたが積極的にコミュニケーションを取ろうとする姿勢を見たい。だから、

「もう大丈夫だよ、メールでもいいよ」

こう言われても**上司に直接伝えようとする、その姿勢**に安心するんだ。


営業先のお客様や、取引先とのやりとりでも同じこと。

例えば納品スピード。お客様や取引先の人から、

「なるべく早く納品して欲しい」

と依頼されたとする。よくあることだよね。

相手の言葉通り、早く納品することは重要だ。でも、やむをえないトラブルで少し遅れてしまうことだってある。そんなとき、謝ることよりもずっとずっと大事なこと。

それは**「相手を安心させること」**だ。

「すみません!!!　今、大急ぎで向かっています！」
「もしかしたら少し遅れてしまうかもしれませんが、○○時には必ず到着します！」
「今、○○まで来ています！　あと○○分で到着します！　大急ぎで向かいます!!!」
（元気にハァハァ言いながら）「遅れてすみませんでした！　ただいま到着しました!!!」

大げさに思われるかもしれないけど、デキる営業マンは必ずと言っていいほど、このようなパフォーマンスをしてる。もちろんパフォーマンスは人それぞれだけど、誰もが「相手を安心させること」には余念がない。

「そうか、細かく報告すればいいのか！」

なんて思うことは大きな間違い。一生懸命動いてくれているんだ、誠実に対応しようとしてくれているんだって、**感じさせること。**

もしも、まだあなたが若くて、相手が大人ならば、多少大げさにパフォーマンスしていることくらいわかっている。それでも、一生懸命に「なんとかしよう！」としているその姿勢にこそ、「この人に頼んで良かった」という安心感を抱く。もちろん同時に、「可愛いやつだな」っていう気持ちになることだってある。

いずれにしても、報告すればいい、言われたことをやればいいわけじゃない。相手の意図を想像し、一生懸命さを伝えようとすること。それが相手を安心させ、**あなたに任せて良かったと思わせることにつながる**んだ。

tsubo 7

上司という観客が何を求めているかすらイメージできないようでは、社外やお客様のことなんて想像できない

●直接話す。安心させるだけで、自分の仕事はもっとやりやすくなる

case **8**

超即レスポンスのすすめ。特にお礼は。

上司や先輩、取引先からごちそうになったことってあるよね？

多くの人が、お店を出たときに「ごちそうさまでした！」「ありがとうございました！」と、ごちそうしてくださった方にすぐにお礼を言うと思う。でも、実はこの後の行動次第で、あなたに対する印象は大きく変わる。それが、**超即レスポンス（超即レス）**だ。ごちそうしてくれた方と別れ、一人になったら即座にメールをする。お礼に加えて、何か気の利いた一言を添えて、帰る道すがら即レスする。当然、翌日のオフィスや近々で顔を合わせる機会には、直接お礼を言うことも忘れないで。

さて、僕はこれらの言葉や行動について、「常識だから」とか「礼儀だから」やらなければならない、なんて言うつもりは全くない。でも、それはこれらの言動は、あなたの仕事人生を楽しく豊かにするために、とても大切なアクションなんだ。

今言ったように、別れた後に間髪入れずにお礼の連絡をした場合、連絡を受けた側の人が思うのは「常識的な人間だな」ではなく、「いい子だな」とか「また連れて行ってあげたいな」ということだ。でも逆に、お礼のメールもなく、さらに顔を合わせたときにもお礼がなければ（あまりないと思うけど）、そのときには「非常識だ」「礼儀を知らない」と思われ、さらに仕事を任せることとさえも不安になるもの。

先輩も上司も取引先も、あなたが喜ぶことを想像し、喜んでくれている姿を見たくてごちそうする。「ありがとう」と言われたいとは思っていなくても、何も言われなければ不安や不信を感じてしまうと思っていた方がいい。

お礼は何度言っても言い過ぎることなんかない。なぜなら人は、時間が経過しても自分の好意が相手の心に残っていることで、さらなる喜びを感じることができるから。

ごちそうになった後、しばらくぶりにお会いした方にも「あの時はごちそうさまでした。本当に楽しかったです。美味しかったです」ってお礼を言うことで、相手は「まだ覚えてくれていたんだ」と、時間が経っているだけ余計に「喜んでもらえて嬉しい」

って感じる、そういうものだって、僕は思う。

お礼上手は、いくつになっても大切。大企業の社長であっても、大先生と呼ばれる方でも、仕事ができる人はとにかくお礼上手だ。たとえ取引先に自分がごちそうしたときでも「貴重な時間をありがとうございました」と、丁寧にお礼をされている。だからこそ、長い間応援され、信頼され続けるんだろうって思う。

いつものお礼に、もう一つ加えること。これも「おもてなし」だ。相手のおもてなしに、あなたのおもてなしで応えること。これが大人の振る舞いを楽しむ秘訣なんだ。

tsubo 8

直後、翌日、数日後…お礼は最低3回は言う。お礼、この短くお金もかからない言葉が、最高の武器になる

● お礼上手は信頼を得る最大の秘訣

case 9

自由にイキイキと働きたいなら

2012年に92歳で亡くなった、森光子さんという大女優がいる。

1920年(大正9年)に京都で生まれた彼女は、14歳で映画デビューし、下積み時代を経て、1961年に劇作家の菊田一夫氏に見出され、林芙美子原作の『放浪記』の主役に抜擢。ここから彼女は、スター女優への道を歩み始めた。この舞台は大ヒットし、公演回数は前人未到の2017回を記録。彼女は2005年に文化勲章を受章、2009年には女優として初の国民栄誉賞が贈られた。

僕は、森光子さんがこの2017回という驚異的な回数をすべて完璧にこなせた理由や、常にステージでイキイキと輝き続けることができたことにすごく関心があったので、少し調べてみた。すると、こんなことがわかった。

彼女はこれほどの大女優にもかかわらず、若い裏方さん一人ひとりにも常に繊細な心遣いをされる方だったとあちこちに書かれていた。取材に来られた方々には、全員のお弁当が用意されていて、若いスタッフにも「一緒に食べましょう」と声をかけられる。そんな優しい方だったという。

ドイツの偉大な哲学者にヘーゲルという人がいる。彼は、人が自由に生きるためには3つの「承認」が必要だと言った。

①自己の承認
②他者の承認
③他者からの承認

つまりこれは、「②他者を応援し」「③他者から応援され」「①自分で自分を応援することができる」という3つの条件が揃って、人は初めて「自由を感じて生きることができるんだよ」っていうことだ。

森光子さんは、あれほどの大女優だったにもかかわらず、一緒に仕事をする仲間、一緒に舞台をつくる仲間に対して、常に感謝と応援の気持ちを持ち続けたことで、舞台の上で自由にイキイキと、長い年月に亘って応援され続け、演じ続けることができたんじゃないかって、僕は考えている。

職業はまったく違う僕たちだって、同じ目的に向かう組織の中で、常に仲間を応援し、仲間から応援される関係があれば、誰もが自由にイキイキと働き続けることができるんじゃないか。そんなとても大切なことを、彼女の生き様が教えてくれている。そんな風に感じた。

偉大な女優として輝き続けた彼女の生き様に感謝し、心よりご冥福をお祈りしたいと思います。

tsubo 9

一緒に仕事をする仲間に常に感謝と応援の気持ちを持ち続ける

●応援される人は、誰よりも多くの人を応援し続けている

第3章

負けないための武器を持て

エミール、幸福にならなければならない。

これはあらゆる感覚を持つ存在の目的なのだ。

これは自然が私達に感じさせる基本的な欲求であり、決して私達になくならない唯一つの欲求でもある。


――ジャン・ジャック・ルソー（『エミール』）

case 1

社内にも社外にも3人以上の味方をつくろう

ここまでは、社会人として生き抜いていくための方法、イキイキと楽しく働き続けるための秘訣についていくつか紹介してきた。でもここでは、「自分を守るため」に是非実践して欲しいことを伝えたいと思う。すぐにでも取り掛かってみて欲しいことなんだ。

それは、**「守ってくれる他者」「頼るべき他者」**をつくるということ。

ここでいう友人とは、プライベートの友人ではなく、仕事人、会社人としてつくった友人のこと。**「会社人、仕事人としての自分」を知っている友人が必要**なんです。

プライベートの友人はもちろん大切。でもあなたの仕事に対する状況をリアルに語り合えるかっていうと、そうでもない場合が多いと思う。とても大切な存在だけど、仕事上の問題や悩みの解決にはつながりにくいことってあるよね。だから**会社人、仕事人としてのあなたの想いや悩み、理想や価値観を知っている友人を持つ**ことが大切なんです。

友人といっても同年代の友人だけじゃなく、年上や年下、いろんな友人を持つことが理想的。まずは、**社内にも社外にも3人ずつ**友人をつくってほしい。

社内においては特に、自分の部署以外に信頼できる先輩、自分のことを可愛がってくれたり、相談に乗ってくれる先輩を持つこと。これは、あなたがあなたを守るために最も重要で、必要不可欠なセーフティネットになる。

「なんかイヤだな」「この人、合わないな」と思う上司って、誰にでもいると思う。そのときに、他部署の先輩に知り合いがいると気持ちがまったく違う。

こんなこともある。社内の休憩室や談話室みたいなところで会ったときに、「お前にさ、うちの部署に来て欲しいんだよね」「でもさ、今の部署でもう少し成果出してくれないと俺も引っ張れないし。だから、頑張れよ」

実現するかはわからないけど、そんな会話ができる相手が社内にいるのは本当に大きい。こんなことから、多少嫌だなと思ったりしていても、もうちょっと頑張ろう！とか思えたりすると、負けずに済むというか、そんなことが大切だと思うんです。

日々の仕事は、どうしても部署の同僚や上司、限られた取引先との関係性だけで毎日が終わってしまうことがほとんどだ。でもね……。

もしも自分の部署の上司がまともじゃない場合、あるいは突然まともじゃない上司に変わってしまった場合、あなたの仕事上の世界は暗黒世界へと変わってしまうでしょ。だからこそ、自分が所属する部署に限定せず、社内の他部署に3人以上の信頼できる先輩ネットワークを持っていることが、あなたを守るセーフティネットになる。

目の前の人、目の前の状況を信頼することはもちろん大切だけど、極限の状況になれば、他者はあなたを裏切ることだってある。だからもし、他部署の人と触れる機会、共同で仕事をする機会に出会ったときには、せっかくのチャンスを逃さないで欲しい。

他部署の人とのネットワークをつくるために積極的に行動してみて欲しいんだ。

さらに、社外にも3人以上の友人をつくろう。

自分の会社のことを客観的に見ることってすごく難しい。あなたにとっては当たり前だと思っている会社のルールや文化が、他社の人から見ると良くも悪くも非常識に感じることって、本当によくあることだ。

自社の常識やルールに縛られて、たとえ他者から見ると理不尽に思える状況でも「自分の能力が足りないんだ」「自分がまだ未熟だから……」と、生真面目に状況を受け入れようとしてしまうことは、百害あって一利なしだ。

確か、ハーバード・ビジネス・レビューだったと思うんだけど、アメリカの学者が調査した面白い記事を目にしたことがある。

その調査結果によると、社外に3人以上の友人を持っている人の転職成功率は、そうでない人と比べてはるかに高いらしい。自分の会社を客観的に見る視点を持つってことは、転職を成功させるためにも役に立つんだということ。もちろん僕は転職を勧めているわけじゃない。でも、外から見る価値観や情報が、会社に大きな刺激を与えることは間違いない。そして、「学び続ける優秀な社員にとって魅力的な会社であろう！」とする会社側と、そこで働く社員との緊張関係も重要だと僕は思う。

社外に友人をつくるためには、たとえば社会人を対象にしたセミナーや勉強会に積極的に参加したり、ＮＰＯや地域活動に積極的に参加することも大切。もちろん、趣味の活動でも構わない。とにかく多種多様な、いろんな活動に参加することが大事なんだ。

社外に友人をつくる意味、社外の活動に参加する意味は他にもある。

あなたの人生は、あなたのためにあるから。

あなたの人生は、勤めている会社やあなたの部署、上司のためにあるわけじゃない。あなたのためにある。だからこそ、人生の活動をひとつに限定しちゃダメなんだ。

ドラッカーは**「2つ以上の人生を生きろ」**って言ってる。**あなたはひとつじゃないから。いろんなところで、いろんな形の自分を持つ**。今の仕事がすべてだって思うんじゃなく、2つ3つ4つといろんな生きかたを同時にした方がいい。いくつもの居場所を持つことや、いろんな友人を持ったりすることは、あなたの人生に、きっと鮮やかな彩りを与えてくれる。あなただけの人生を、より豊かに幸せに生きるために。社内に、社外に、3人以上の友を持とう！

tsubo 1

ひとつの人生、ひとつの自分でもいろんな生き方はできる

●社内には「セーフティネット」のための友人、社外には「外からの視点」のための友人を持つ

case 2

ランチの達人になってみる

僕の周りで、みんなから応援されて可愛がられている人たちに共通する、すごく面白い行動がある。仮にその人をN君としよう。

11時半。先輩がN君に声をかける。

「ちょっと早いけどランチ行く?」「はい、行きます!」

同じ日の13時半。今度は別の先輩がN君に声をかける。

「ちょっと遅いけど、今日ランチ食った?」

「大丈夫です! 行きます!」(大丈夫です! と答えたので、嘘ではありません・笑)

そして19時。また別の先輩から声がかかる。

「これから飲みに行かない?」「はい、行きます!」

そして、先輩と飲んだ帰り道に別の先輩からメールが。

「どこにいる？　※△にいるけど来ない？」「はい、○時くらいなら伺えます！　行きます！」

こうしてN君はメタボになっていくのでした。めでたしめでた……という話ではありません(笑)。


僕の周りには、こうした共通点を持った「仕事のデキる」人たちがたくさんいる。

彼らはたくさんの人から可愛がられ、応援されている。なぜか？　そう、こんな風に「嬉しそうに応じる」から。彼らが持っている共通点、それは「誘ってくれる相手の気持ちを常に考えている」っていうこと。誘われる側が、誘ってくれた人の喜びをつくり出そうとしていることなんだ。

もしも、ランチを2回食べたことがバレたとしても、先輩たちはこんな風に思うでしょう。「本当にバカだな～。でも、可愛いやつだな」と。あ、もちろん無理はしないでね。これはあくまでも鍛えられた、強靭な胃を持つ人たちの例だから(笑)。

あなたの周りで、周りから応援されている人をよく見て欲しい。その人は常に、相手の喜びを想像し、相手の喜びをつくり出そうとしているはず。2回のランチに付き合うことはできなくても、きっとあなたにも、できることがあるはずだから。

tsubo 2

相手の喜びを想像できるかどうかが、応援される鍵

可愛がられるコツを知っておけ

case 3

根回しコミュニケーションはネゴシエーションスキル

5名の若手メンバーが、重要なプロジェクトを任された、とある会社のお話。

「プロジェクトリーダーとして企画を推進し、社内を巻き込み、目標達成を目指す！」

これが彼らに課せられたミッションだった。役員や各部長も、彼らがこのミッションを与えられていることは知っていた。


プロジェクトメンバーに選ばれた彼らは、与えられたミッションに使命を感じ、これまでやったことのない数々の行動に出て、とにかくがむしゃらに動きまくった。そんなある日の会議でのこと。

役員や各部長、ベテラン社員たちを前に、この企画をさらに推進するための協力をお願いするべく、彼らはみんなの前でプレゼンテーションをした。すでに動き始めていること、今考えていること、成果につながる可能性、抱えている課題……彼らは、自分たちの行動を振り返りながら、未来を熱く語った。


すると、飛び出してきたのは、彼らが予想もしていなかった言葉。

「詰めが甘い」「これでは協力できない」「失敗したらどうする?」

上長たちからの否定的な意見と、冷ややかな態度、非協力的な雰囲気。

若手プロジェクトに対するやっかみか?

そう疑いたくなるような雰囲気。彼らは思った。

「一体なぜ、こんな状態になってしまったのか?」


僕の答えはひとつ。

上司は、寂しかったから。


あえて幼稚な言葉を使ったけど、つまりこういうことだ。

プロジェクトを任された彼らは、嬉しかった。だからこそ早く結果を出したいと焦り、ただただ懸命に、突っ走っていた。でも、実は上司たちはみんな、緊張していた。本当に彼らにできるのか？　成果につながるのか？　失敗するかもしれない、お客様に迷惑をかけるかもしれない。緊張していたけど、でもそんなことも承知の上で、彼らの動きを見ていた。

でもね。

途中経過をまったく知らないまま、迎えたプレゼン当日。

「え!?　そんなことになってるの？」

「初めて聞いた！」

「それくらい相談しろよ」

そんな「既成事実」ばかりが発表される。当然、褒めることも協力することもできる状況ではない。これが、このような状況になった原因だ。そりゃなるよな。

じゃあ今回、彼らはどのような行動をとるべきだったのか？

それが、ネゴシエーション（交渉、事前相談）だ。

「どうすればいいですか？」という依存型はもちろんダメ。そうではなくて、

「今、資料を作っているので、完成したら見ていただけますか？」

「先日ご相談した件ですが、こんな風に進めてみようと思っているんです」

「いただいたご意見を参考にテストしてみたところ、こんな結果が出ました」

……等々。報告や相談をしながら進めていくことが、とても大切。

決して「依存」ではなく、このプロジェクトを成功させるために必要不可欠な「根回しコミュニケーション」。それが「ネゴシエーションスキル」だ。


上司から信頼され、応援してもらうためのネゴシエーションスキル。

「寂しくさせない」というのは、そういうことだ。


そんなの面倒くさい？

そう、その通り。大きな仕事を任されるほど、多くの人の力を借りることが必要になる。力を持っている人の力を借りること、当たり前だけど、そこには手間がかかる。

でも、面倒くささを引き受けることを避けると、最終的には誰も応援してくれなくなる。これでは、大きな成果にはつながらない。

僕の尊敬する作家、平川克美氏が著書『移行期的混乱』（ちくま文庫）の中で、とても興味深いことを言ってる。要約すると、こんなことだ。

「自分一人で何かを推進しようとすること、自分一人でやりきらなければならないと考えて行動し続けることは、自立した人間とは呼べない。それは、自立ではなく、独立と言う。では、自立とは何か？　自立とは、他者に依存できる能力を身につけること。様々な人たちの力を借り、協力してくれる人たちを増やし、自分一人ではなく、たくさんの応援者と共に物事を推し進めていくことができる力を身につけること、それが自立である。独立的な思考で物事を進めていくと、応援者が現れず、最終的には孤独か独裁になっていかざるを得ない。だからこそ、自立を目指すことが大切なのだ」

平川氏は、そう語っていた。

この5名のプロジェクトメンバーは、このことに気づき、途中から上司たちを巻き込み、応援されるようになっていった。その会議以降、彼らは先輩たちに相談しながら、たくさんの人たちの力を借りながら、プロジェクトを成功させた。つまり、若手メンバーが「独立」ではなく、「自立」していったことによって、大きな成果に結びついた好事例になった。

いま一度、自分の仕事の進め方を振り返ってみて欲しい。

あなたが目指していることは、自立ですか？
それとも、独立ですか？

tsubo 3

あなたが思っているより、人はさみしがり屋です

●交渉、事前相談…上司は巻き込んでしまうべし

case 4

しなやかにしたたかに、聞き流す

何度も言うけど、社会を生き抜くためには、勝つことよりも負けないことを考える方が先、いや、すごく重要だと僕は考えている。ここでは、そのために身に付けておくべき「3つの姿勢」を紹介しよう。

①しなやかにしたたかに、聞き流す（やり過ごす）
②マイナスの感情を大切にする
③挨拶の大量配布

一つずつ説明します（②は次項、③はその次の項で説明）。

①しなやかにしたたかに、聞き流す（やり過ごす）

仕事は結果が全て。結果が出なければそこに至るプロセスは全て無意味。非常に残念なことかもしれないけど、これが社会の現実。たとえ今おかれている現状がどうであれ、まずは、そう考えておいた方が傷つかずに済むと思う。

もちろん、素晴らしい会社、デキる上司ならば仕事のプロセスや姿勢をきちんと評価してくれる。でも、世の中の会社、あなたが出会う上司がみんなそうとは限らないよね。「きっとわかってくれる！」と信じて、深く傷ついてしまってからでは手遅れになる場合だってある。備えあれば憂いなし。だからこれから紹介するのは、あなたにとっての危機管理技術だと思って聞いて欲しい。


この社会で負けてしまわないためには、どんなにひどいことを言われても聞き流せる技術を身につけることがとても大切。しなやかにしたたかに聞き流す（やり過ごす）ための「4つのリアクション法」を身に付けて欲しい。

「リフレイン」「なるほど」「あ、そうか！」「ありがとうございます！」、上司とのコミュニケーションは、ほぼこれで乗り切れる（笑）。たとえばこんな感じ。

上司「なんでそんなやり方しかできないんだよ！」

あなた（ひどい！　と思っても）「そんなやり方……」↓リフレインする。
上司「いやだからさ、○○とかやってみたのかってことだよ！」
あなた「なるほど」
上司「○○やると生産性が上がることくらいわからないの？」
あなた（わかってるよ！　と思っても）「生産性が上がる……」↓リフレインする。
上司「だからさ、○△×□※……、そうすると生産性が上がるんだよ！」
あなた「あ、そうか！（そうですね！）」
上司「そうかじゃないよ。ちゃんとやってくれよ！」
あなた「ありがとうございます！」

なんか、リアルな場面（笑）。まず、リフレインは相手の真意を引き出すための方法。あなたが相手の言葉をリフレインすることで、相手はより詳しく、自分が言いたいことを説明しようとしてくれる。そして、詳しく説明することで、高ぶった感情も次第に収まってくる。そして、色々と教えてくれる。

まともでない上司の場合は、説教の内容よりも感情の表出（つまりストレス解消）

が目的で、あなたがそのターゲットにされただけだと考えた方が賢明だ。

そういう上司の場合は、まずは感情を吐き出させてあげることが重要。リフレインすると「だからさあ……」と、どんどん言葉を重ね、感情を出させることができる。ただただ相手にやり込められちゃダメ。自分がイニシアチブを取って、相手に感情を出させているんだ、くらいに思うことが大事なんだ。

次に**「なるほど」**は、あなたが「感心」していると感じさせることができる。ここで注意しなければならないことは、**「はい」「わかりました」「やります」はNGワード**だということ。

まず、この「はい」という答え方は、相手からすると「伝わってるのかな？」と不安になる返答だ。だから「はいじゃないよ！」と続いてしまう。そしてまた「はい」と答える（笑）。ね、伝わってる感じしないでしょ。

続いて**「わかりました」**。これも「わかってないから言ってるんだよ！」と、ツッコミどころが満載。わかってないように見えるから言ってるのに、「わかりました」

って言われると、自分が一方的に責めている悪者のような気持ちになる。だから、さらに言葉を重ねてしまうわけ。

そして最後に**「やります」**。これはけっこう言ってるよね。そもそも上司だって、絶対的な正解なんて持ってない。あなたと上司はタイプも性格も違うかもしれない。だから、上司の指示するやり方が成果に結びつくとは限らない。もちろん、やってみることは大事だよ。でもね、もし「やります」って言ってやらなかったら「やりますって言ったよね？」となるでしょ。それに、上司はやり方自体を、実はそんなに気にしてない。よっぽど間違っていない限り、やり方よりも、最終的に成果につながればそれでいい、って考えてる。だから、「やります」は自分を苦しめるだけ。だから、「なるほど」という言葉で、程よい感心を示すくらいがちょうどいいんだ。

次に**「あ、そうか！（そうですね！）」**。これは、何かに気づいたときに出てくる言葉だよね。だから相手からすると、自分の話で相手に「気づかせる」ことができた、という「自己肯定感」を感じられる。少しだけ、気分（機嫌）が良くなる（笑）。

最後は**「ありがとうございます！」**で締める。「わかりました」「やります」ではなく、「ありがとうございます！」で会話を終わらせよう。当たり前だけど、これを言われて悪い気分になる人なんていないからね。

そして大事なのはこの先。成果が出たとき、前よりも良くなったとき、「あのときの助言のおかげでできました」とか、**相手のおかげで（相手のおかげじゃなかったとしても）成果が出ました、成長できましたって伝えることが大切**。そうすると、「お、こいつ可愛いな」と思ってもらえる。

間違って欲しくないんだけど、僕は相手に媚《こび》を売れと言っているわけじゃない。もちろん、上司を軽く扱えと言っているわけでもない。あなたがこの社会で生きていくためには、上司に可愛がられることはとても重要だということ。こういう処世術は、楽しく働くための回り道じゃなく、近道なんだってことを忘れないでほしい。

それに、聞き流す技術は、実は「守りではなく、攻め」。それも、相手に悟られないような攻め方だ。そして、攻めているにもかかわらず、相手はだんだんスッキリした気分になってくる（笑）。相手に悟られることなく、相手の攻撃をしなやかにしたたかに受け流す。これがリアクションの極意なんだ。

tsubo 4

相手に悟られないような攻め方をせよ

- 「はい」「わかりました」「やります」はNGワード
- 「リフレイン」「なるほど」「あ、そうか」「ありがとうございます」を使いこなす
- ○○さんのおかげで…を忘れない

case 5

マイナスの感情を大切にする

そしてさらに、2つ目の技術。**②マイナスの感情を大切にする。**ということ。

もしもあなたが、相手からヒドイ言葉で罵《ののし》られるようなことがあったとき、それを聞き流しながらこのように考えてみて欲しい。

「どうしてこの人は、こんな言い方をするのだろう?」

「いつからこんなにヒドイ言葉で人を罵るようになったのだろう?」

「この人の過去に、何があったのだろう?」

等々、その言葉の向こう側にある相手の物語に思いを馳《は》せてみる。僕はずっとそうやってきた。

でもこんな想像をすることで、相手に対する恐怖や怒りが、興味関心へと変わる。

いや、変えなきゃダメなんだ。相手に対する「見方」を変えることで、少し大人の視点で相手を受け止められることって本当にある。それだけじゃない。相手の物語を想像するチカラは、これからの人生にとってもすごく大切。あなたがリーダーになり、部下の可能性を引き出し、伸ばしていこうとするときにも必ず役に立つから。

ここでもう一つ、相手の「負の感情」「マイナス言葉」をまともに受けないための超簡単な方法もご紹介しておこう。

たとえば、相手が怒りをぶつけているだけのときには、顔にあるホクロの数を数えてみるとか、「眉毛、太いな〜」とか、「案外可愛い目をしてるんだな」とか。大切な言葉は聞きながら、ヒドイ言葉はまともに受けとめない。これが何よりもあなたを守ってくれる。

次は、仕事をしていて「つまらないな、と感じたとき」についての話。

何か特別な問題があったわけでもなく「つまらない」って思うことは誰にだってあるよね。そんなとき、

「いやいや、つまらないなんて思っちゃいけない。プラス思考で考えなきゃ！」

と考える人がとても多い。でも実はこれ、すごくもったいないことだ。

「つまらない」だけではなく、「イラッとする」「ムカムカする」「許せない」「面白くない」と、生きていたら誰でもこのようなマイナス感情が湧き上がってくるときがあるでしょう。まともでない上司に酷い言葉を投げかけられたようなときに「ムカつく！」「許せない！」などという感情が湧くときだってある。そんなとき、

「イラッとなんてしちゃいけない」

と考えてしまう人は、とても多い。真面目な人ほど、「あぁ、こんなこと思っちゃいけないいけないんだ」とか「そんな自分はダメだ」と、責めちゃう。それがいちばんダメ。

感情っていうのは、あなたがあなた自身を知るために、神様が与えてくれた宝物だ、と言っても過言じゃない。

たとえば、

「つまらないなー」

と感じたとき、自分の感情を否定してしまう前にこんな風に考えてみて欲しい。

「自分はなぜ、何をつまらないと感じているのだろう？」

「どうしたら、つまらなくないんだろう」と。

「許せない」「ムカつく」というときも同じ。

「自分はなぜ、何をこんなに許せない（ムカつく）のだろう？」と考えてみる。

これはとてもとても大事なことなので、ゆっくりじっくり考えてみることが大切だ。


「つまらない」と感じた原因をじっくり考えてみた結果、「チームの気持ちが合っていないからだ！」という結論に至ったとする。そのときにさらに考えてみて欲しい。

「自分は、チームの気持ちが合っていないとつまらないと感じる」ならば、

「チームの気持ちが合っていることが楽しい（嬉しい）ということかな？」

「なぜ、いつからそういう状態が好きだと思うようになったのだろう？」

などと、自分自身が価値を感じることについて、じっくり考える機会にしよう、ってとらえるといい。


自分の「好きなこと」「やりたいこと」「なりたい自分」を書き出すことも良いんだけど、多くの人が（たとえ経営者でも）なかなか書けない。それよりも、マイナスの

感情は、良くも悪くも素直に入ってくる。だからそれを使うということ。

「つまらないな」と思ったら、「キター、つまんない!!」って思おう(笑)。

マイナス感情の裏返し、つまり**「つまらないこと」の裏返しは「つまること(楽しいこと)」。それはあなたが大切にしている「価値観」を発見するということ**と同じ。

だから、「つまらない」と感じたら、ビッグチャンス!

自分の価値観、大切にしたいことを知ることで、あなたの働き方や生き方がより鮮明になる。だから、マイナスの感情を邪険《じゃけん》にしたらすごくもったいない。

もちろん、プラスの感情だって大切だけど、マイナスの感情の方がより鮮明に、はっきりと自分の価値観を教えてくれる。

精神医学的に言うとマイナスの感情っていうのは、あなたに危険を知らせる「心のアラーム」。だから「許せない!」と感じているのにその感情を否定し続けることは、あなたの心を裏切り続け、傷つけ続けることと同じだっていうことなんだ。最悪の場合、心が致命傷を負うまで気がつかないっていう場合だってあると言われてる。

だから、マイナスの感情は、大歓迎。あなたが求めている働き方、生き方を教えてくれる大切な信号を、どこかに置き忘れてしまわないためにもね。

tsubo 5

マイナスの感情をほったらかしにしない

●つまらない、と感じたときほど、自分の価値観を知るチャンス

case 6

挨拶は大量配布する

最後は、**③挨拶の大量配布。**

大量配布！　すごいでしょ。当たり前だけど、挨拶は基本。新入社員研修や、マナー研修などでも当たり前に言われるよね。でもここで僕が言う「挨拶」は、多分あなたの考えてる「挨拶」とは少し違う。きっとあなたが考えている挨拶の程度（頻度）を大きく超えると思う。そう、何と言っても大量配布だからね。

挨拶の安売り、バーゲンセールと言ってもいい。もちろん質も大切だけど、もっとも大切なのは「量」。質に関しては、たった一つのことだけ心がけていれば大丈夫。それは、相手に届く声で言う、これだけ。あとは「量」それも「大量に！」だ。

さて、基本の挨拶は3種類。

まずは「おはようございます」「こんにちは」。

次に「お疲れさまです」。

最後に「ありがとうございます」。


まず最初の「おはようございます」「こんにちは」だけど、これは不特定多数の人に、できる限り、誰彼かまわず元気に声かけしよう。誰彼かまわずね。

社内の人に対しても、社外の人に対しても、オフィスや現場で会う人、掃除に入ってくれている業者さん、とにかく誰にでも「おはようございます」「こんにちは」と言おう。「こんにちは」は社外の人に向ける場合が多いと思うけど、「おはようございます」は誰彼かまわずだ。

次に「お疲れさまです」。これは社内の人だけど、これも同じ。大量配布。「いってらっしゃい」「お帰りなさい」も有効だ。遠くにいる人にわざわざ声をかける必要はないよ。それは過剰サービスであって、バーゲンセールを逸脱してしまうから。


さてさて、これらの挨拶を大量配布する最大の目的は、あなたに対してプラスの印象を持ってもらうこと。実は、**挨拶の量ほど、単純でわかりやすい印象向上法はない**んだ。もちろん、挨拶だけで印象が決まるわけじゃないし、そこまで高く評価してくれない人だっている。でも反対に、挨拶が少なかったり、相手に届かないような控えめな声だったりすると、あなたの印象は100％低下する。100％だからね。挨拶は印象を上げることと同時に、下げないための武器でもあるんだ。

社内だけじゃない。社外の人にこそ、大量配布しよう。あなたが挨拶を届け続けることで、あなたの会社、あなたの会社の社員みんなの印象が向上するから。挨拶は絶好の会社ＰＲでもあるんだ。

最後に最も大切な挨拶が、「ありがとう」だ。ありがとうは感謝の言葉であって、挨拶ではないと思うかもしれないけど、挨拶のように大量に配ることがとてもとても大切だ。**感謝は「質」も大切だけど、それ以上に「量」が肝。**だから大量、安売り、バーゲンセール！　なんだ。

さて、なぜ僕はここで「挨拶をしよう！」と当たり前のような、年寄りの説教じみたことを言うんだと思う？　それは、挨拶は「存在証明」だから。

「おはようございます」「こんにちは」もしくは「お疲れさまです」「いってらっしゃい」等の挨拶は、「あなたがそこにいることを、私はきちんと認識していますよ！」「あなたはちゃんと、そこにいますよ！」と声かけしていることと同じ。無意識だけど、挨拶にはそんな重要な役割がある。逆に挨拶をされないと「無視された」と感じる。無視されたと感じるということは、存在ではなく不在と扱われたということ、つまり「いないも同然」として扱ったことと同じ。誰だって、あなたの存在を認めています！と言われることは、気持ちがいい。だから、大量に配ることが大切なんだ。


「ありがとう」という言葉は、さらに重要だ。

ありがとうという言葉は、存在証明を超えて、「存在肯定」になる。「あなたが大切です」と言われることと同じだ。「大切にされている」と感じて気分が悪くなる人なんていない。「ありがとう」を配りまくっている人に、悪い印象を持つ人なんていない。あなたも周りも気分が良くなる挨拶、それが「ありがとう」。少ないと思われることはあっても、多いと思われることは決してない。

①しなやかにしたたかに、聞き流す（やり過ごす）。
②マイナスの感情を大切にする。
③挨拶の大量配布。

この３つの姿勢で、あなた自身も、あなたの周囲も、きっと変わっていくよ。

tsubo 6

自分への傷は最小限に。人生にバリアを張ろう

●挨拶されて、印象は上がりこそすれ、下がりはしない

case 7

わかり合えないこと。から始めよう

大阪大学COデザインセンター特任教授で、演出家・劇作家の平田オリザさんが記した本に『わかりあえないことから』（講談社現代新書）という本がある。その最後の方にこんな言葉がある。

「わかりあえないというところから歩き出そう」

この本のサブタイトルは、「コミュニケーション能力とは何か」。

コミュニケーション能力の話を書いているのに、わかり合うことではなく、わかり合えないという前提から始めようって言ってる。えっ、なんで!?　って思っちゃうよね。でも、僕もこの「わかり合えないことから始めよう」っていう考え方に、大賛成。

僕のリーダー塾でも、必ず課題図書にしている。機会があれば読んで欲しいと思う。

さて、「人と人とは、わかり合えない」、あなたはなぜだと思う？

理由は色々とあるんだけど、そのうちの一つは、時代の変化。

かつてこの国では、みんなが同じ未来を夢見ていて、みんなが同じものを欲しがっていた、そんな時代があった。戦後から1970年代に至る、高度経済成長時代、みんなが共通の意識を持っていた時代があった。

だけど今は、欲しいものも将来夢見ていることも、みんなそれぞれ違う。そんな時代へと社会が変わったからだと、僕は考えてる。ましてや現在もこれからも、グローバル化の時代。文化も習慣も違う他者と共に生きていく時代に僕たちは生きてる。

講演会などでこの話をするとき、僕はこんな質問を投げかける。

「欲しい車は、何ですか？」って。

軽自動車、ファミリーカー、四輪駆動車、高級車、エコカーなど、返答は様々。

都内だと「車はいらない」っていう人もたくさんいる。

でも、どこでやっても結果は同じ。みんなバラバラ。みんな違う。

でもね、高度経済成長時代なら、この答えは違っていたと思う。メーカーによる違いはあるけど、多くの人が「いつかはクラウン」というＣＭに象徴される高級セダンに乗ることを、憧れの対象にしていた。「いつかはクラウン」っていうＣＭに誰も違和感なんてなかった。

パブリカ、コロナ、カローラ、マークⅡ、クラウンって、みんなが同じステップアップを夢見てた。三種の神器（掃除機、洗濯機、冷蔵庫）や、３Ｃ（カラーテレビ、カー（車）、クーラー）に象徴されるように、「**みんなが**欲しいもの」が、その時代には確かに存在していた。

それだけじゃない。物だけじゃなく、共通の「夢」、共通の「未来」だってあった。

年功序列、終身雇用、郊外のマイホーム、年金生活。

真面目に働いていれば、生活は年々豊かになり、最後は年金生活で、ゆったりと老後を送る。誰もがこんな「未来像」を夢見ながら、頑張って働いていた。

「企業戦士」

「24時間戦えますか？」

「社畜」

今なら労働基準局から厳重注意を受けそうなこんな言葉も、普通に飛び交ってた。「将来の安定と、豊かな生活のためなら平気さ！」ってね。そんな時代が確かにあった。

しかし、時代は変わった。年功序列でも終身雇用でもなく、年金にも頼れないかもしれないという未来は、幻想なんかじゃなくなった。大量生産大量消費によって、人々の欲しいものは多様化し、1988年、コピーライターの糸井重里氏が創った西武百貨店のキャッチコピー「ほしいものが、ほしいわ。」に象徴されるように、どの会社の商品を買っても同じだって感じてしまう、コモディティ化という時代がやってきた。

人々の共通意識、共通の価値観は時代の流れと共に失われてしまった。


さてさて、この辺りで話を戻そう。

「人と人とは、わかり合えない」

国民みんなで追いかけた、共通の夢は失われた。所得の格差拡大を背景に、学力格差も広がってる。そう。みんな違うから、幸せの価値だって違う。

それぞれが、それぞれにとっての「幸せのカタチ」を追い求める、そんな時代なのに、「わかり合える」ってことをコミュニケーションのゴールにするなんて、そんなの幻想だよって、僕は思うんです。

わかり合えることをゴールにするから、人は人に「わかってくれる」ことを強いてしまう。無理にわかり合おうとするから、無意味に傷ついちゃったりもする。

でも、**「わかり合えない」前提から始めると、人は人をもっともっと知ろうとするはず。**人と人とはわかり合えない、でも、相手を知ろうと努力することで、近づくことはできる。わかり合えないけど、近づけるかもしれない。くっつかないけど、近づくことならできる。まるで、反比例の曲線みたいに。

あなたと私、あなたと上司、あなたと後輩……みんな、生まれも育ちも家庭環境も、生きてきた環境すべてが違う、価値観だって違う。

だから、たとえわかり合えなかったとしても、傷つかなくていい。

わかり合えないからって、人を怖がらなくてもいい。

わかり合えるっていう幻想を信じる前に、相手をしっかりと見つめてみればいい。

そう、自分と相手の「違い」に目を向け、耳を傾けることから始めてみようってこと。そうすれば、僕たちはいつも新たな物語に出会うことができるから。

目を凝らし、耳を澄まし、あなたとは違う他者の「人生の物語」に出会うこと。それが、これからの時代における「コミュニケーションのゴール」なんだと思うのです。

tsubo 7

「わかり合えないこと」から始めると発見しかない。「わかり合えるはずだから」から始めると落ち込むしかない

知ろうと努力することで相手と近づくことはできる

第4章

仕事は楽しまなくっちゃ

之を知る者は、之を好む者に如かず。
之を好む者は、之を楽しむ者に如かず。

――孔子『論語』

case 1

「売ることばかり」「数字ばかり」になってない？

まずは質問を2つ。

(1)仕事は楽しい？
(2)何のために仕事してる？

もちろん人は、食べていくため、生きていくためには、働かなくちゃならない。それは、事実。でもその一方で、技術や業績の向上などの「高み」を目指すことで「働きがい」「やりがい」を感じて働くことだってできる。「報酬は大事だけど、報酬のために働くんじゃない、仕事そのものを楽しみたい」っていう働き方だってある。正しい働き方なんて、ひとつじゃないと思うけど、でも楽しい方がいいに決まってるよね。

あなたはどう？　どんな働き方してる？

ここでちょっと僕の意見を言ってみよう。

僕に言わせると、みんな「売ること」ばっかり考えている。「売上を上げろ」とか「生産性を上げろ」とか目標を与えられるので、「どうやったら、もっと売れるかな」って考えているんだろうけど、でも、そういうことを考えるから仕事が楽しくなくなるんだと僕は思う。

心理学では、報酬や昇進などに突き動かされる働き方、いわゆる「馬の前にニンジンをぶら下げて走らせられる」ような働き方は、「仕事そのものを楽しむ」働き方にはつながりにくい、いわゆる「動機付け（モチベーション）」が持続しにくいって言われてる。

当たり前の話だけど、楽しくないこと、意味とか価値を感じないことを続けるのは苦しいことだ。

報酬、つまりお金とか車とか家とか、そういう「物」によって気持ちを動かされるモチベーションを「外発的動機付け」、誰かの役に立っている、仕事そのものが楽しくて、内面からフツフツと湧き上がってくるようなモチベーションを「内発的動機付け」と、心理学では呼んでいる。

そして、誰かに言われて義務感で動くよりも、自分で考えて工夫して動く、つまり自発的な動き方こそが、内発的動機付けを発動させ、持続的なモチベーションを生み出す。心理学の世界ではそう言われてる。なんだか小難しい言葉ばかりだけど、つまりはこういうこと。

「言われたからやる」よりも、「やりたいからやる」の方が「やる気」は続く！

「MUST」より「WANT」。ま、そりゃそうだ！って話です。

でもね、そんな「当たり前でしょ！」と思うことが結構できてない。

だって、お客様はどんなことに困ってうちの商品を買ってくれているんだろう？とか、この商品を買う人は何にいちばん「渇いて」いるんだろう？とか、お客様の抱えている問題や課題、喜び、そんな何やかんやを考えたとき、「こうしたら、その人の課題が解決できるな」とか「こうしたら、この人の役に立てるな」と考えた方が楽しいって、そんなことはわかってるはずなのに、「売上を上げなきゃ」って考えて、仕事をつまらなくしちゃってる人が圧倒的に多いから。

売ることばっかり考えても楽しくないし、たぶん追い込まれるだけ。数字に追い回されるのって、ホント楽しくない。そうじゃなくて、お客様は何に困っているんだろう、って考えると、「よし、これで解決してあげられる！」と思える。仕事を楽しむコツって、そこしかないんじゃないかと思う。

だから、売ることよりも「お客様の困りごとを考える」。

そしたら、仕事はめちゃくちゃ楽しい。だって、誰かの役に立てるあなたになった方がいいじゃない。それがいちばん楽しいんだよ、仕事って。

自分の作っている小さな小さな一本のネジが、大きな飛行機にとって必要不可欠な部品で、みんなに旅する楽しさや安心で安全な旅を提供しているんだ！　とか、自社のサービスを通じて、お客様の疲れが癒されて、生きる活力を生み出しているんだ！なんて考えて、ワクワクしながら仕事する方が楽しい。

せっかくだから、ちょっと考えてみて欲しい。通勤電車の中や、休日の公園でもいいから。自分は仕事を通じて（あるいは自社の商品やサービスを通じて）、お客様が抱えているどんな課題や問題を解決しているのかな？　って。それを真剣に考えながら働くと、仕事はきっと楽しくなる。あなたの仕事の「価値」だって、きっと変わるから。僕の周りで高い成果を出し続けている人はみんな、そこを考えて仕事してる。
もちろん、楽しそうに働いているよ。

tsubo 1

売ることよりも、まずお客様の困りごとを考えよう

●やらされているか？　やりたいからやっているのか？

case 2

顧客の創造は、顧客の想像

お客様のニーズを満たせ！

お客様満足度を上げろ！


どんな会社でも言われることだよね。お客様のニーズを知る、求めていることを知る。すごく当たり前のことだけど、これが結構ちゃんとできていないことが多い。

では、お客様が求めていることを知るためには、どうしたらいいのか？

答えはそう、「お客様に聞くこと」だ。

「何を求めているのですか？」って聞いてもいいんだけど、ちょっと直球すぎだね、これは。最初はこんな風に聞いてみよう。

「なぜ、自分たちの会社の商品やサービスを買ってくれているのですか？」って。

ドラッカーは、こんな風に言ってる。

「企業が売っていると考えているものを顧客が買っていることは稀である」って（『ドラッカー名著集⑹ 創造する経営者』ダイヤモンド社）。

そうなんだ。**自分たちが考えている「お客様が買ってくれている理由」と「お客様が自社の商品やサービスを買ってくれている本当の理由」は、結構ズレてる**ってこと。

人のことは見えるけど、自分のことはなかなか見えない。それと同じで、自分の会社の魅力、それもお客様が感じている自社の魅力って、意外とわかっていない。自分たちが「そんなの当然でしょう、普通でしょ」と思っていることが、相手にとっては「そこがいいんだよ！」っていうことがホントに多い。

「そうか！　とりあえずお客様に聞きに行けばいいんだ！　じゃあ、聞いてきます！」

と動き出しそうになったあなた！　確かにその考えは立派なんだけどチョット待って。たとえばあなたがお客様や取引先にインタビューに行ったとする。

あなた「なぜ、うちの会社から商品を買ってくれているのですか？」

お客様「そうだねー、商品の質が高いからかな。だから安心して注文できるよ」

あなた「そうですか、ありがとうございます！　これからも頑張ります!!!」

これじゃダメ。これで帰って来たら子供のお使いと同じ。なぜかって？

よく考えてみて。「質が高い」って、そのお客様にとってどういうことなのかな？

当たり前だけど、答えは人によって変わる。データで証明されているものを高いと言う人もいれば、自分の感覚や経験則で高いって言う人だっている。なのに「質が高いから」と言われただけで「あ、そうか！」って納得して、それ以上のことを聞かないで帰ってくるなんて、すごくもったいない。

それから、もしも「質の高さ」に関して詳しくインタビューできたとしても、

「同業他社も同じくらい質の高い商品を提案していて、価格だってほとんど変わらない。それなのになぜ、うちの会社の商品を購入し続けてくださっているんですか？」

そんな風に、「なぜ他社ではなく、自社を選んでくれているのか」をちゃんと聞くべきなんだ。

というのも、**お客さま自身がその商品を買っている「真意」、つまり本当の理由に気づいていないことが多い。**だから、最初に聞いたときに返ってくる第一声の答えの

99%は間違っていると思っていた方がいいんだ。第一声は、うのみにしちゃいけない。**相手の言葉の向こう側にある「真意」って、「なぜ？　なぜ？　なぜ？」って疑問を持ち続けることでしか引き出せない。**だからこそ、深く深く聞いていくことで、お客様自身も「そうだ、こんなことで困っていたんだ」と気づいたりする。

そう、お客様がものを買う動機、きっかけは、何かに困っているから。何かが足りない。だから、その「お困りごと」を解決してくれる商品を探す。

あなたが一生懸命お客様に聞くことで、お客様の「お困りごと」を見つけることができれば、今よりもきっと、もっとお客様に貢献することができる。

ドラッカーは、こんなことも言ってる。

「企業の目的は一つ、顧客の創造である。
顧客の創造とは、ひと言で言えば、自分以外の外の世界への貢献である。
自らの内部に発し、自らの中にしかない何かを外の世界の成果に変えることである。
それによって社会の次元を日々上げていくこと、それが企業の存在理由である。」

（上田惇生、井坂康志著『ドラッカー入門 新版』ダイヤモンド社）

あなたの会社の商品やサービスを通じて、今よりも豊かで幸せな未来をつくること、それが「顧客の創造」だとドラッカーは言っている。そしてそれは「あなたの会社の商品やサービスが持っている魅力」を深く知り、その魅力をさらに伸ばすことによって実現されなければならない、と。なんか、かっこいいでしょ。

顧客の声に耳を傾け、その言葉の向こう側にある「声なき声」を想像すること。その先にこそ、顧客の創造の実現がある。このことはずっと忘れないで欲しい。

tsubo 2

お客様に聞いてみよう。「なぜ」を5回

●お客様自身も自分の真意がわからないことが多い。聞いて、単純に思い込んではダメ

case 3

かもしれない思考、持ってる？

先日、こんなことがあった。会社近くの少しお洒落なイタリアンにお客様と一緒に入ったときのこと。ランチタイムピークが過ぎた13時過ぎなので、席には余裕があった。

「何名様ですか？」と聞かれて、「2名です」って答えると、いちばん奥の席に通された。

案内されたのは2人掛けの狭いテーブル。4人掛けのテーブルだっていっぱい空いてるのに、だよ。でもまぁ仕方なく、言われた通りの席に着いた。注文を取りにきた別の店員さんに、

「これからの時間も、お店は混むの？」って聞いてみたら、

「はい」と一言。

「この時間から、また席が埋まるの？」って、さらに聞いてみたら、

「はい」

「そうなんだ……。なら仕方がないね」

しばらくすると、他の店員さんが
「あのー、もしよろしければコチラに移られますか？」

と、ちょっと不思議なカタチをした３人用の席を案内した。あくまでも４人席には通さないんだなと思いつつも、お礼を言って、席を移動したそのとき、勝手に４人席に１人で座る、難しそうな顔をしたお客さん登場(笑)。店員さんは何も言えず、普通に接客……。


ほとんどの場合、このような対応の方法は、店長（あるいは会社）の方針によっておおむね決まってる。

「少しでも効率よく、席を埋めるように！」

「ランチは機会ロスを減らすことを優先に！」（※機会ロスとは、混んでいて帰って

しまうなどの「来店の機会を逃す」という意味)

このような指示を出しているのか、あるいは、

「お2人様でも、4名席をご案内するように」

「4名席が埋まっている場合は、お伺いしてから2名席へ案内するように」

という指示なのかは、お店によって違う。あるいは、店員さんによって対応が違う場合もある。こういうことって、みんな多かれ少なかれ経験したことがあると思う。

僕たちが行ったお店は、少し小洒落たイタリアンレストラン。定食屋さんやファストフード店じゃない。どんなに混雑しているランチタイムでも(僕が行ったのは13時過ぎだったけど)、「効率」を優先させることがお店のイメージを上げるとは思えない。でも、店員さんは反射的に僕たちを2名席に案内してしまった。そして、僕たちが不快になっていることに気づいて、3名席へ誘導し直した。あくまでも4人席ではなく(笑)。結局、お店は僕たちが帰るまで、混まなかった。

「混むの?」

「はい」

と、言い切った店員さんの「予言」も、見事に外れた(笑)。味は美味しいけれど、

夜にまた来たいとは思えないお店。ランチは混むけど、（やっぱり？）夜はそんな様子を見たことがない。これって、なんだかもったいないよね。じゃあ、こういうとき、あなたがこのお店の店員さんだったら、どういう風に考えればいいのか？

それがこの「かもしれない思考」なんだ。

売上優先、利益優先、効率優先、顧客優先、従業員優先……等々、会社では様々な「優先すべきこと」があるよね。効率は大切だ。でも、「効率優先」って言っても、この事例みたいにお客様が減ってしまったら意味がない。「利益優先」って言っても、人件費をギリギリまで減らして、従業員の負担を増やしすぎたら、離職率が上がって結局仕事が回らなくなった、なんていうことになったら本末転倒だ。つまり、優先すべき場合と優先すべきじゃない場合があるっていうこと。

そんなの当たり前じゃん！　と思うかもしれないけど、日々の仕事に追われて、さらには上司の評価も気になるし、というような状態で働いてると、気がつくと会社からの指示を無条件に遂行するロボットみたいになっちゃってる！　なんてこと、本当によくある。僕だってそうだけど、忙しさに流されてしまうと、人間はつい、大切なことを見失ってしまう。

そんな時に思い出して欲しいのが「かもしれない思考」。

売上優先……かもしれない
利益優先……かもしれない
効率優先……かもしれない
……等々、どんな指示でも「かもしれない思考」で考えることがすごく大切だ。

サイエンスライターの竹内薫氏の著書に『99・9%は仮説』(光文社新書)という本がある。この本によると、飛行機も「おそらくこの理論からすると飛行機は飛ぶだろう」という仮説に基づいて飛んでいるということ。かなり怖い話だけど(笑)。でも、世の中で起こっている現象のほとんどが「仮説」であって、「絶対に正しいこと」なんて世の中にはほとんどない！　ということがこの本には書かれている。売上優先や効率優先だって、そうすればおそらく儲かるだろうという「仮説」でしかない。上司や会社だって、絶対に正しい答えなんて持っているわけがない。だからこそ、常に「かもしれない思考」で、大切なことを見失わないよう柔軟に考えることが大切なんだ。

もちろん商売だから効率も大切。でもサービスには品位も大切なんだ。小さいことかもしれないけど、お店にとっては、さっきみたいな対応がボディブローのように効いてくるから。実際、僕たちはそれ以来このお店には行かなくなっちゃったしね。

日本資本主義の父と言われる偉人、渋沢栄一氏もこんな風に言ってる。


金儲けを品の悪いことのように考えるのは、根本的に間違っている。しかし儲けることに熱中しすぎると、品が悪くなるのもたしかである。金儲けにも品位を忘れぬようにしたい。


含蓄がある、奥深い言葉ですね。でも、だからと言って品位最優先で効率なんていらない！　なんていうことも、ありえない。効率はもちろん大切。でも、品位を大切にすることが重要な場面だってある。どちらも「かもしれないという仮説」に過ぎないということだ。

世界は「仮説」で溢れてる。「正解なんてない」と思う方がいい。仕事中は常に、「かもしれない、かもしれない」と唱え続けることで、あなたも僕もきっと救われる。そして僕たちは、４人席でゆっくりランチができる(笑)。めでたし、めでたし。

tsubo 3

信じないものは救われる。すべてのことに「本当かな?」と思ってみよう

●優先順位が何かを考える

case 4

「私」ではなく、「私たち」と考える

あなたは普段、こういう言葉を使ってないだろうか?
私の営業先
私のお客様
私の仕事
多くの人が、当たり前に使ってると思うんだけど、意識としては、どうだろうか?
言うまでもなく、会社はあなたのものじゃないよね。お客様だってそうだ、あなたのものじゃない。そしてさらに、お客様は、あなたから物を買ってるわけじゃなく、○○会社の社員であるあなたから、物を買ってる。そうだよね。だから、相手にとって、あなたは○○会社の一（イチ）社員。○○会社から、△△職という役割を与えられた○○会社の一社員。

当然、あなたが上司から与えられた仕事だって、あなたが企画して承認された仕事だって、やっぱり「あなただけ」の仕事じゃないってことになる。

そう、どんな仕事でも、あなたの仕事なんてない。あなただけの仕事なんてない。会社の仕事を、会社のお客様を、あなたが担当しているってこと。だから、会社には「私の仕事」なんて存在しない。「私たちの仕事」しか存在しないんです。

何度も登場しているから、あなたもこの人に親近感が湧いてきたかもしれないけれど。そう、P・F・ドラッカー。彼は、こんな風に言う。

「優れたリーダーは、〝私〟とは言わない。意識して言わないのではない。〝私〟を考えないのである。いつも、〝われわれ〟を考える。」

（『ドラッカー名著集⑷ 非営利組織の経営』ダイヤモンド社）

なぜこんな話をするのかと言うと、「私」ではなく「私たち」って考える方が、あなたの仕事を今よりずっと楽しいものに変えてくれるから。そんな事例を紹介しましょう。

ある会社の中堅社員のお話。

彼がまだ若かった頃、自分がお客様から大きなクレームを頂いてしまった。彼が一人で悩んでいると、あちこちの部署の先輩社員たちが「どうした、どうした?」って言いながら、ワイワイガヤガヤと彼の元に集まってきた。そして先輩たちをはじめ、そこにいたみんながそのクレームについて動き出した。

お客様の過去データを調べてくれる人、工場に電話をかけてお願いをしてくれる人、差し入れを買ってくる人、みんなが一つにまとまって、一件のクレーム解決のために動き出した。クレームを一人のせいにするんじゃなく、会社で起こった問題や課題は、常にみんなで考える。それがこの会社の「当たり前」で「文化」なんだって感じさせられた、そんな瞬間だった。

その問題が一段落したのは、終電も終わった深夜のこと。そんな時間にもかかわらずみんなで飲みに行った。自分ではなく、他の誰かが問題を起こしてしまったときにも、常に社内みんなが動いた。若かった彼はこうして、「私の仕事」から「私たちの仕事」へと変わることの価値を、先輩たちから体験として教わった。そんな先輩たちの姿を見て育ち、中堅社員になった彼は、今では後輩を応援する上司として社内を支える人になった。

なんか、いいよね。あったかい会社っていう感じがする。

もう一つの事例。これは僕自身の事例です(笑)。

先日、6歳になる僕の息子が所属しているラグビークラブで、試合があった。そう、僕の息子はラグビーをしている。なかなかたくましいでしょ(笑)。幼い子ども達だから、試合ではボールを持った子は、誰かにパスすることよりも、とにかく自分でトライしたい! って自分のことで精一杯。仲間がトライした後でも、みんなが「次は自分が!」って燃えている、そんなチームだった。

ある意味、そんな子どもらしいチームが、先日の試合では驚くべきシーンを魅せてくれた。

一人の選手がボールを持ってゴールを決めた。ここまではいつもと変わらない光景。そして「次は自分が！」的な表情で自分たちの陣地に戻っていく、いつもならそんな場面。でも、この日は違った。一人がゴールを決めたそのとき、何と⁉　みんなで抱き合って、ゴールを喜び合っている。「チームで決めたゴールなんだ」って感じで、みんなで喜び合う。そんな光景に、保護者たちは驚き、感動させられた。まさに、「私」ではなく「私たち」という意識が生まれた瞬間だった。

実はその日の試合の前日、チームメンバーでお泊まり会を実行して、子どもたちは初めて同じ屋根の下で仲間たちと過ごした。そのおかげで、彼ら彼女たちの一体感が生まれたのかもしれない。理由はどうあれ、彼ら彼女たちはこの日、すごく価値のある体験をしたように、僕には思えた。

そのことが要因だったかどうかはわからないけど、誰かの成果を自分たちの成果だと考えて喜び合えるようになった息子のチームは、その日のすべての試合に勝利することができた。はい、親バカな事例はここまで。大変失礼いたしました（笑）。

さて、仕事でもこれと全く同じことが言えると、僕は思う。

今の時代は、携帯電話やメールがあるから、仕事が個人主義的になっていることだってあるかもしれない。でも、会社がみんな個人プレーの集団になって「みんな、各自で一人前になりましょう」「オレは、あの頂上で待ってるよ」みたいになっちゃったら、やっぱり何か違うんじゃないかな、って思うわけです。他部署が良い成果を残した時にも、みんなで喜び合える会社では、社員がイキイキと働いている。そしてやっぱり成長し続けている。仲良しクラブみたいな関係を目指すのは違うけど、何となく社内がチームになってるな、今、業績も調子いいだろうな……っていう会社って、入ってすぐにわかる。これは、たくさんの会社に出会ってきた僕の実感です。

私たちは一人では生きていけない。仕事だって一人じゃできない。
一人で出せる成果は、チームで出せる成果よりも小さい。そして何より楽しくない。
だからこそ、「私」ではなく、「私たち」って考えよう。

仕事は楽しくなくちゃ。そして、会社はあったかくなくちゃ。

tsubo 4

仕事の喜びは「私」より「私たち」にある

●仕事は一人ではできないものだから

case 5

失敗分析より、成長分析をせよ

法政大学教授、湯浅誠氏の著書に、こんなことが書いてあった。

「地域活性化の鍵は、ないものねだりではなく、あるものさがしにある。」

（湯浅誠著『ヒーローを待っていても世界は変わらない』朝日新聞出版）

なるほど、という感じですね。地方の人たちは、地元に「何が足りないか」に着目しがち。だから、足りないものを探し、外から持ってこようとする。でもそのような地域活性化は、失敗に終わることが多い。成功する地域活性化は、地元に「あるもの」を活かすことで成功すると、湯浅氏は言う。

でもね。これは地域活性化に限ったことじゃない。仕事でもまったく同じことが言えると僕は思う。

先日、僕はある会社の会議に参加した。社長をはじめ、営業部長や開発部長が参加する業績会議だ。ちょっと想像してみて欲しい。

まず初めに、業績に関する資料が参加者全員に配られた。もちろん、僕にも。その資料には、今期の売上や客単価、利益などの推移が書いてあった。そしてさらに、その資料には、至る所に赤い数字が書かれていた。昨年に比べて下がっている月の数字が、赤く表示されている。なんとなく、想像できますよね。こんなとき、僕はいつも、苦労しながら「上がっている」数字を探す。

下がっている数字について議論することよりも、上がっている数字について考えを深めることの方が、はるかに重要で生産性が高いと、僕は考えているから。

さてさて、苦労してマーキングした「上がっている数字」について、僕は彼ら彼女たちに質問します。

森　「この週の数字ですが、これ、昨年よりも上がってますよね。なぜ、上がったのですか？」
社員「連休が重なったからですかね……」
社員「天気の良い日が続いたからかもしれません……」
森　「昨年と比較して、何か実施した施策はありませんか？」
社員「……特に」
森　「……では、これは偶然ですか……？」
　そんなやりとりを繰り返している中で、ある女性幹部がこんな発言をした。
社員「あ、その辺の時期に、ホームページを変えました！」
森　「ホームページを見に来た人は増えているのですか？」
「いつから増えているのですか？」
「どんなことを変えたのですか？」
「前はどういう状態だったのが、いまはどういう状態になっていますか？」
　僕は矢継ぎ早に質問し、答えられなかった部分は調べてくるよう促します。彼女は少し嬉しそうに、やりとりをノートに書き込んでいる。

多くの会社では、業績が下がっているところや達成できていないところが、赤字で記されている。そして、その「失敗事例」に注目し、原因を探す。あるいは、下がった原因について、担当者に詰め寄る……。

こういう考え方、やり方って、もちろん間違ってはいないと思う。でもこの**「失敗分析」は、ほとんどが「失敗」に終わってしまう**んです。典型的な事例を紹介しよう。各部署からマネージャーが出席する会議の一場面を想像してみて欲しい。

司会「では○○事業部、ヤマモト部長、お願いします」

部長「はい、先月は予算○○円に対して、残念ながら力及ばず、未達でした……。原因は、雨が多かったことと、人員不足です。来月は必ず達成できるよう、頑張ります。以上で報告終わります」

するとと社長や幹部社員が突っ込みをいれる。

社長「なんで人が足りてないの？」

部長「パートさんのシフト調整が……」

社長「そんなこと、前からわかってたんじゃないの？」
部長「はい…」
社長「いやいや、ハイじゃなくて」
部長「すみません……」
社長「だから、すみませんじゃないよ！」
部長「来月は二度とこんなことのないよう、頑張ります！」
社長「頼むよ……まったく……」

「はい」「すみません」「頑張ります」それぞれの頭文字をとって**「H・S・G会議」**。

あなたの会社の会議は、H・S・G会議になってはいませんか？

失敗分析にも、もちろん意味はある。ただし、きちんと「冷静な議論ができれば」という条件付きですが……。

現実は、失敗分析って「言い訳」を正当化する目的でしか機能していない。だから冷静に考えることって、ほとんどできていないと思う。

でも**「上がっている」部分に注目し、その原因を考える「成長分析」**は違う。冷静に考えられるし、喜びだって感じられるよね。だって、「上がってるね！」「ここ、すごいよね！」「それは何でだろう？」っていうように、前提が否定じゃないから。

セミナーや講演会などでこの「成長分析」について話をすると、必ずと言っていいほど経営者や幹部社員から質問される。

「成長分析は重要だと感じましたが、やはり失敗分析も必要ですよね？」

まったくその通りだと、僕も思う。だから、成長分析だけが有効だと言っているんじゃない。まずは**現実の数字に一喜一憂せず、「冷静に考え、議論できる場」を創れているかどうかが問題**なのです。

多くの会社の業績会議（＝失敗分析）は、意味のある議論ができる「場」になってない。だからこそ、「成長分析」から始めてみることが重要なのです。成長分析は思考を活性化させる。焦りや言い訳をする場を生み出さない。できていないことを考えるよりも、できたことを考え、伸ばすこと。ドラッカーも言っている「強みを生かす」って、こういうことなんじゃないかなって、僕は思う。

もう一度、会議資料を見直してみて欲しい。あなたのチームの会議資料に目を凝らしてみて欲しい。そこに、見落としてしまっているかもしれない「強みの源泉」が隠されている。そこに、チームを活性化するための鍵が隠されている。

まずは、あなたのチームからでもいい。失敗分析よりも、成長分析から始めてみよう。

ないものねだりよりも、あるもの探しから始めてみよう。

tsubo 5

なぜ上がったかに注目し続けると、数字が楽しくなる。なぜ下がったかに注目し続けると、数字が嫌いになる

●H・S・G会議は無意味

第5章

リーダーになるためのコツ

私は部下に大いに働いてもらうコツの一つは、部下が働こうとするのを、じゃましないようにするということだと思います。

――松下幸之助（『人生心得帖／社員心得帖』）

case 1

これからリーダーになるあなたへ

人は、必要とされることが、必要だ。

これは、僕が一番大切にしている言葉です。

誰もが認められたい、必要とされたい、誰かの役に立ちたいと願っている。

「ありがとう、あなたのおかげです」

「あなたがいてくれてよかった」

誰もがそんな風に思われたいと願っているのです。

スクールカウンセラーの森田直樹氏は、こんな風に語っている。

重要なのは、心にも栄養が必要なことです。私はこの栄養を「自信の水」と呼んでいます。子供達の心の中にはコップがあり、このコップの中に自信の水が入っていると考えてください。

そして、子供達は、日々このコップの水を使って生活をしていて、勉強に、部活に、先生や友達関係に、この水を使っていると考えましょう。自信の水を使うと同時に、子供たちは周りの人たちに認められたり、親から愛情を受けたりして、自信の水を補充しているのです。こうして子供たちの心の中のコップは、いつも自信の水が満たされている、これが心の発達につながっていくのです。

（森田直樹著『不登校は99％解決する』リーブル出版）

ここでは子供の心のことについて書かれているけど、僕の経験からすると、これは大人でもまったく同じだと思う。僕たちも、職場や現場、社会で活動するときに、自分の能力について悩んだり、与えられた仕事で成果を出そうと頑張ったり、人間関係で悩んだりしながら、この心の中にあるコップの水を使ってる。そして、誰かに認められたり、褒められたり、家族の愛情に守られたりして、日々このコップの水を補充することで、自分を支え、頑張って生きてるわけです。

だけど、この「自信の水」が足りていない状態だと、頑張っても頑張っても身体や心が疲れてしまう。やる気が出なくなってしまう。人間関係だってうまくいかなくなる……と、負のループにはまっちゃう。子供だって大人だって同じだよね。このコップを「心の栄養」で満たすためには、やっぱり「自信の水」が必要だ。誰かを必要とし、自分も必要とされてるんだ、っていう実感がすごく大事なんだと、僕は思うのです。

人は自信を持てるからこそ、努力できる。チャレンジすることもできる。そして、努力し、チャレンジするから、成果を出したり能力を向上させたりできる。

でも現実は、やっぱり厳しい……。

内閣府が発表した平成25年度の「我が国と諸外国の若者の意識に関する調査」では、日本の若者（13~29歳）が、「私は、自分自身に満足している」と答えた割合は45・8％。70％を超える他の国（韓国、アメリカ、イギリス、ドイツ、フランス、スウェーデン）に比べて、すごく低いよね。「どちらかといえばそう思う」を除くと、その割合はわずか7・5％しかない。

この調査を見る限り、僕たちの国の若者はすごく厳しい環境で生きてるのかもしれないって感じる。人は、成長するに連れて少しずつ自信を失っていく。受験とか、就活とか、恋愛、結婚……、自信を失う原因なんて山ほどある。でもだからといって現実の社会では、自信を失い、チャレンジできないっていう人を待ってはくれない。

じゃ、どうしたら「自分に自信を持つ」ことができるようになるのか？
どうしたら「今いる会社で自信を持つ」ことができるようになるのか？

さっきも言ったけど、自信って、誰かに認められたり、必要とされてるって感じることで生まれる。「自分は、必要とされていると感じられる」こと。僕はこれを「居場所感」って呼んでる。「この会社が自分の居場所だ」って感じられるから、人は自信を持っていられるんだと思う。

さてさて、いよいよここからがリーダーの心得です。
リーダーにとって最も大切な仕事は、部下たちに「自分は必要とされている」って感じさせること。「居場所感を感じさせる」ということだ。
「自分は、このチームで（この会社で）必要とされている」
そんな風に感じる感覚、「居場所感」。森田先生の言葉を借りるならば、心のコップを自信の水で満たしてあげる、ということ。そう、「居場所をつくることこそが、リーダーの使命」。

「居場所は自分でつくるもの」「自分の心身は自分で守ること」「社会はそんなに甘くない」と、ここまでは少し厳しいことを書いてきました。でもここからは少し違う。

リーダーとして必要なことは、「部下に居場所をつくること」。

もしも、あなたが自分自身で居場所をつくってきたとしても、
もしも、あなたが上司に居場所をつくってもらえなかったとしても、
部下にも「自分で作れ！」と言う、そんなリーダーになるべきじゃないと、僕は思う。
本来の理想は、すべてのリーダーが部下に「居場所」をつくってあげられること。
すべての人が「自分は必要とされているんだ」って感じられる、そんな組織（チーム）をつくること。

もちろん（何度も言いますが）、現実は違う。自分を見失いそうになったり、負けてしまいそうになることもある。

だけどもしも、あなたがリーダーへと育っていった時には、この厳しい現実を理想的な形に変えていって欲しい、いや、変えていかなきゃならない。だからこそ、ここから先は、理想的なリーダーとなる方法について書いていこうと思うのです。たとえまだ、あなたがリーダーでなかったとしても、来るべきその日のために、これからリーダーとしての準備を始めて欲しい。

tsubo 1

部下の居場所をつくってあげること、それがリーダーの役目

●自分は必要とされていると感じさせるべし

case 2

入社1年目、2年目、3年目をどう過ごすか？

突然ですが、ここで1つ質問。

入社1年目って、どう過ごすべきだと思いますか？

入社したての社員としては、「少しでも早く成果を出して、認められたい！」あるいは、「早く一人前になりたい！」という、はやる気持ちを持ってる人が多い。気持ちはわかる。だけど、1年目という時期に「焦る」「はやる」「力む」ことは、百害あって一利なし。

就活中の学生に聞いても、「入社したらやりたい仕事をやらせてもらえる！」というワクワク感を持って入社する人が、すごく多い。でも、それは明らかに「はやりすぎ」。だって、まだ信頼関係を築けていない人に、仕事を任せることなんてできないからね。それから、中途入社した人で「早く成果を出して認められたい！」という気持ちで「見てください！」と言わんばかりに激しくアピールしようとする人も、すごく多い。だけど、これも明らかに「焦りすぎ」「力みすぎ」「はやりすぎ」だ。

では、1年目って、どうあるべきか？　僕の答えは、こうです。

新入社員にとっての一年目は、会社のこと、上司や同僚のこと、もちろんお客様のことなど、自分が置かれている環境について「深く知る」ための期間。そして、どうすれば社内からも社外からも応援してもらえるのか？を、学習するための期間だ。

では、2年目はどうだろうか？

2年目は、「知ること」や「応援される」ための学習や工夫はもちろん、新入社員、後輩を「応援する期間」にしなくちゃならない。「教えることを通じてこそ、人は学習に対する理解を深めることができる」って言われるように、後輩の成長の応援を通じてこそ、仕事のこと、応援されることについての理解が深まるわけです。

さらに後輩の応援を通じて、後輩から「憧れ感（あんな先輩になりたい！）」を持たれることも重要な役割。そのためにも、自分の手柄ばかりを考えないで、「後輩に手柄を持たせる」「成果を出させる」姿勢で、後輩を応援することが大切なのです。

さて、続いて3年目。

3年目になると、多くの場合、少し責任ある仕事を任せられるようになってくる。いよいよ、ビジネスパーソンとして大きな成果を目指して頑張るチャンスが巡ってくる。しかし！　です。焦っちゃダメです。30歳くらいまでは「プレイヤー」としてドンドン伸び盛りの時期。エネルギーもやる気もあるし、知識や経験も蓄積されてくる。これはとても大切で、素晴らしいことだ。ただ何度も言うけど、高い成果を生みだすためには、どれだけ優れた人だって、所詮一人の力には限界がある。

だから、いつになっても「応援されること」は必須なわけ。そして3年目に入ったら「周囲に応援される力」を「周囲を巻き込む力」に変えていく。「人を巻き込む力」です。

リーダーの条件について、ドラッカーはこんな風に言ってる。

「リーダーがリーダーである理由は一つしかない。『フォロワー』（信頼してついてくる人）を持つことである」（文明とマネジメント研究所『概説ドラッカー経営学⑨』）。

一般的に有能なリーダーっていうと、カリスマ性があって、エネルギッシュで、説得力がある、そんな人を思い浮かべるかもしれないけど、ドラッカーはこんなことも言ってる。

「リーダーとしての能力の第一が、人の言うことを聞く意欲、能力、姿勢である。聞くことはスキルではなく姿勢である。誰にもできる。しなければならないことは、自分の口を閉ざすことである」（『ドラッカー名著集⑷ 非営利組織の経営』）

僕たちは、いくつになっても、どんな立場になっても、その歳に必要とされる「応援し、応援される」生き方について考えることが大切なんだね。

tsubo 2

入社1年目、2年目、3年目以降の「応援のされ方」がある

リーダーの在り方を考えよう

case 3

発信力より、受信力を磨け

「人生の最大の敵、それは「鈍感」である。」

野村克也氏がヤクルト監督時代にインタビューに答えて、こんな「ぼやき（笑）」を時折発していた。

鈍感って、辞書で引くと「感じ方が鈍いこと」って書いてある。

感じ方、つまり鈍感とは、「受信する力が鈍い」っていうこと。

コミュニケーション力、なんて言うと「自分の意見をキチンと言える」とか「発信する力」「プレゼンテーション力」とか言われることが多いけど、いちばん大切なことは「受信力」なんだと、野村元監督は言う。

相手を感じる力。
相手の信号をキャッチする力。
相手の変化に気づく力。

これがリーダーにとってすごく大切な能力。だから「鈍感」は最大の敵なんだと彼は言っている。優れたリーダーをたくさん見てきた僕の経験から、優れたリーダーとは能力が高い人のことじゃない、高い能力を引き出せる人だと、僕は実感している。だからこそ、これからリーダーになっていくあなたにとって「受信するチカラ」は、重要だ。

さらに、仕事で成果を出すためには、斬新なアイデアや企画を生み出すことも欠かせない。新しい商品やサービスを創造することや、既存のものを改革するためにも、この「受信力」はとても大切なわけです。じゃ、アイデアってどうしたら生まれるのか?

『アイデアのつくり方』(ジェームズ・ウェブ・ヤング著)っていう本がある。

1940年に書かれた本だけど、日本では2017年までに70回も増刷されてる大ベストセラーで超ロングセラー。100ページほどの薄い本だから、ぜひ読んでみて欲しい。この本には、こんなことが書いてある。

①アイデアとは、既存の要素の新しい組み合わせ以外の何ものでもない
②既存の要素を新しい一つの組み合わせに導く才能は、事物の関連性を見つけ出す才能に依存する

①は、その通り！　って感じだよね。
②には、補足の説明がついている。
②の知識の習得には、モーパッサンが小説を書く勉強法として、ある先輩の作家からすすめられたプロセスに似たところがある。
「パリの街頭へ出かけたまえ」とモーパッサンはその作家から教えられた。
（以下が補足の引用）
「そして一人のタクシーの運転手をつかまえることだ。その男には、他のどの運転手

ともちがったところなどないように君にはみえる。しかし君の描写によって、この男がこの世界中の他のどの運転手ともちがった一人の独自の人物にみえるようになるまで、君はこの男を研究しなければならない」

僕の言う「受信力」って、まさにこれ！

一人の人間が持っている物語を受信することは、アイデアを生み出す源泉になるっていうことだ。相手の物語（情報）をキャッチ（受信）すること。そういう視点が、イノベーション＝アイデアの種になるんだ。だからこそ、見る視点とか引き出す視点って大事なわけ。

「君ってホント、いろんな人のことをよく知ってるねー」って言われるようになったら、大いに喜んだ方がいい。自分の未来を期待してもいい（笑）。なぜなら、情報通になるってことは、受信力が高いってこと、つまり優れたリーダーになれる要素があるということだから。

tsubo 3

鈍感になるな

一人ひとりの物語に目を向け、耳を傾けること。
リーダーシップもイノベーションも、ここから始まる

case 4

自責でも他責でもなく「環責」

例えば、あなたの後輩がお客様からクレームをもらってしまったとする。

多くの場合、

「緊張感が足りない！」

「ちゃんと確認したのか！」

「自分の指導が足りなかったからだ」

「自分の確認が足りなかったからだ」

と、後輩を責めたり、自分自身を責めてしまう。つまり、相手を責めるか、自分を責めるだけになってしまいがち。

じゃあ、「自責でも他責でもない」っていうことは、誰も責任取らなくていいということ？　っていうことを言いたいわけじゃない。

この場合（もちろんすべてに完璧ってことではないけど）、たとえば「（精度の高い）チェックリストを作る」だけで、クレームの頻度が減少した、なんていう事例はたくさんある。

営業先に訪問する前に、チェックリストを確認し、やるべきこと、注意すべきことをチェックする。営業先を出てすぐに、チェックリストで確認する。もしも、忘れていた点があれば、即対応する。これだけで、クレームや確認漏れ、やるべきことの抜け漏れは激減する。なんとなく、想像できるね。

実際に、クレームを受けた後輩は人と比べて、普段から気遣いが足りないのかもしれない。でも、やるべきことをリスト化し、チェックリストで確認できる「環境（仕組み）」をつくって、もしも抜け漏れがあった場合、即座に対応できるようになる、ってことだけで、自分自身の安心感もまったく違うし、なにしろ、お客様の安心感や信頼度も格段に上がる。

とはいえ、ここで「チェックリストは万能だ！」って伝えたいわけじゃない。でもクレームが頻発する本質的な原因は、後輩自身の気遣いが足りなかったわけでもなく、指導しきれなかったあなたに原因があったわけでもなく、例えばチェックリストのような、**確認できるツールや仕組みがなかったからであることがほとんどなんです。**

もちろん、突き詰めて考えると、問題の本質は他にもあるかもしれない。仕事の時間配分や優先順位の問題かもしれないし、あるいは部内での情報共有の問題かもしれない。何れにしても、自分や誰かを責める前に、なぜ、このようなことが起こってしまったのかをしっかりと考えることが、問題解決には必要不可欠。相手や自分のせいにしたり、やる気の問題、意識の問題にしたりしても、解決なんてしない。問題の本質は、自責にも、他責にもないんだ。

そう、会社で起こるほとんどの問題は、環境にある。

問題が起こってしまうような環境要因がどこかにあったから、問題は起こる。

だから、自責でも、他責でもなく、環責。

チェックリスト等で確認できる環境がない、情報共有がスムーズにできる環境がない、部内でコミュニケーションを向上させるような環境がない……。

問題の本質は、ほとんどが環境の中にある。

だから、自分を責めないで欲しい。

同時に、他人を責めないで欲しい。

後輩や上司と一緒に、できればみんなで、問題が起こる環境要因について考えて欲しい。

問題を一人で抱え込まないで、みんなで考えることが問題発見→問題解決へとつなげるためには必要不可欠なんだということ、忘れないで欲しい。

僕たちは、小さいころから「人のせいにするな！」っていう教育を受け続けてきた。勉強ができないのは自分のせい。運動ができない、体力がないのも自分のせい……、すべて自分の努力や根性が足りないからだって言われて育ってきた。こう考えると、ちょっと自分に同情しちゃうね(笑)。

でも、本当にそうかな？　勉強することが当たり前で、楽しいことだ、意味のあることだって感じられるような家の子と、その逆の環境の子。人それぞれ、いろんな家庭環境で育ってるよね。運動だって同じ。それぞれの育った環境が、勉強も運動も、コミュニケーション力も、その人の様々な能力を伸ばすことに強い影響を与えてるはず。だからやっぱり、問題は自責でも他責でもない、環責だって考える方がいい。

そして、問題は、あなただけのものでもない。すべて「みんなで考えるべき問題」でしかない。そう、「私」ではなく「私たち」の仕事だから。誰か一人に責任を押し付けちゃいけないいし、だからと言って問題を自分だけで考えてもいけない。それじゃ会社もチームも、意味なんてなくなっちゃうからね。

ナラティブセラピーの開発者として知られる、心理学者マイケル・ホワイトが、こんな言葉を遺している。

「人が問題ではなく、問題が問題である」

問題は、人の中にはない。だから、問題はみんなで考えよう。

tsubo 4

環境の中にこそ問題が隠されている

●会社で起こる問題のほとんどは環境。だから、自分も他人も責めない

case 5

部下の話を「聞く」以上に大事な、「言わせる」こと

作家の高橋源一郎氏の著書『ぼくらの民主主義なんだぜ』（朝日新書）の中に、こんなシーンが描かれている。

2014年3月18日、台湾の立法院（議会）が数百の学生たちに占拠された。占拠は24日間続いた。

学生たちは中国と台湾の結んだ自由貿易協定への反対と、政権を握る国民党が協定発効に関わる審議を一方的に打ち切ったことに反対し、このような行動に出たのだ。

24日間にわたる占拠で学生たちの疲労も限界に達する頃、国側から魅力的な妥協案が提案された。

学生たちは葛藤し、心は揺らぎ始めていた。

その時、ひとりの学生が、手を挙げ、壇上に登り

「撤退するかどうかについて幹部だけで決めるのは納得できません」

と言った。

この後、リーダーの林飛帆《リンヒハン》がとった行動は、驚くべきものだった。

彼は丸一日かけて、占拠に参加した数百人の学生たちの意見を、

一人ひとり個別に訊《き》いて回ったのである。

そうして最後に林は、妥協案の受け入れを正式に表明した。

すると、再度、前日の学生が壇上に上がった。

固唾《かたず》をのんで様子を見守る学生たちの前で、

彼は次のように語った後、静かに壇上から降りた。

「撤退の方針は個人的には受け入れ難いです。

でも、ぼくの意見を聞いてくれたことを、感謝します。ありがとう」

それから、２日をかけ、院内を隅々まで清掃すると、
運動のシンボルとなったヒマワリの花を一輪ずつ手に持って、
学生たちは静かに立法院を去っていった。

（以上、著書より要約）

数百の学生、一人ひとりの意見を訊いてまわることは、とても大変だったと思う。でも、一人ひとりの意見を訊いてまわったからといって、すべての人の意見を反映することなんて、到底できるはずがない。でも、おそらくリーダーのとった行動の「本当の目的」は、そこにはなかったのではないかと、僕は考えてる。

すべての人の意見を聞くことよりも、一人ひとりの声に真摯に耳を傾ける「その姿勢こそ」が、彼にとっての「目的」だったんじゃないか？　って、僕は思った。

参加者一人ひとりに「自分もこの活動に参加しているんだ」って、感じさせること。

そこにリーダーの「想い」があったんじゃないかと、僕は思ったわけ。

たとえ、一人ひとりの考えがリーダーの方針や意思決定と違っていても、一人ひとりに「僕も（私も）、ちゃんと尊重されているんだ」と感じさせる。

「聞いてくれてありがとう」と言わせる振る舞い、それこそがリーダーにとって最も大切な、「真摯な振る舞い」なんじゃないかと、僕は思うのです。


僕がこの記事を社長やリーダーに紹介すると、

「感動しました！　私も部下の話をちゃんと聞いてみます！」

と、さっそく部下を前にじっと我慢して話を聞いてみようとトライする。

しかし、その後どうなるか。多くの人が話を聞きながらイライラし始める（笑）。

そして最後は……。

「じゃ、こーすりゃいいじゃん！」と相手に指示出ししちゃったり、「黙って聞いてたけど、それは違うぞ」と、相手の意見を否定したり、雰囲気が悪くなって終わってしまったってことになっちゃう。これって、本当によくあることなんです。

志は素晴らしい。でもね、ここには大きな落とし穴がある。それは、

「相手の話を聞き過ぎてしまった」こと。


リーダーとして、部下の話に耳を傾けるときの目的は、

「一人ひとりに『僕（私）は、尊重されている』と感じさせる」こと。

ゴールイメージは「『聞いてくれてありがとう』と感じさせること」だ。

そのためには、ただただずっと受け身に聞いているだけではダメ。こっちがイニシアチブを持って、相手から「引き出して」いかなきゃダメなんだ。だから、実際はこっちが半分位はしゃべってる。相手の話を引き出すために、質問したりしないといけないから。だから、高橋源一郎はリーダーの行動を描くとき、「聞く」じゃなく「訊く」って漢字を使ってる。「訊く」っていう漢字には、物事を明らかにする、積極的に質問するっていう意味があるから。


要は、相手の話を「聞く」のではなく、「引き出す」。

112ページでもご紹介したように、リフレインや「なるほど」などのリアクションで工夫しながら、相手に、自分の意見を「気持ちよく言わせる」。ここが大切なん

です。

相手の考えを真摯に誠実に「訊く」こと、引き出すこと。相手の一言一言に耳を傾けて「聞く」ことは、もちろんとても大切なこと。でもそれ以上に大切なことは、「聞いてくれている」「耳を傾けようとしてくれている」と『感じさせること』なんだ。

そんなリーダーの「姿勢」が、相手を安心させ、素直な言葉を引き出すきっかけを創る。ゴールは「聞いてくれてありがとう」。ぜひ、憶えていて欲しい。

tsubo 5

「聞く」より「訊く」。そして「聞いてくれてありがとう」をゴールにしよう

- 一人ひとりが「ちゃんと尊重されている」と感じさせているか

case 6

手柄を配るリーダーになる

とある会社の、会議の一場面。

司会者「では、○○部長、お願いします」
部長A「今月は、残念ながら力及ばず、未達成に終わってしまいました」
社長「なぜ、達成できなかったのか、原因を教えてください」
部長A「はい、残念ながら営業の力はまだ弱い。最後の詰めが弱い、というのが現状です」
社長「どうしていくつもりですか?」
部長A「はい、一人ひとりの能力向上と意識向上のため、徹底的に鍛えていくつもりです」

社長　「頼みますよ」
部長Ａ「はい、頑張ります！」
司会者「では、○○部長、今月の報告をお願いします」
部長Ｂ「今月は、なんとか予算を達成することができました」
社長　「よくやってくれた。営業部のみんなもよく頑張ってくれているようですね」
部長Ｂ「いえ、まだまだです。私から見ると足りないことだらけです。鍛えていきます」
社長　「頑張ってください。君のような優秀な営業マンが増えることを期待しているよ」
部長Ｂ「は、ありがとうございます」

あなたの上司が、この部長（ＡでもＢでも）だったら、どう思いますか？
少なくとも僕は、こんな上司は絶対に嫌です。
でも、こういう場面、こういう管理職に出会うことって、実はとても多い。
ここに登場する２人の部長、彼らには共通点がある。それは、

「部下の自慢をしない」ってことだ。

え!? って思った人は、もう一度会議の場面を読んでみて欲しい。

最初の部長Aは、達成できなかった理由を部下たちの能力不足にしてるから、まぁ、なんとなくわかりやすい。でも、部下一人ひとりをよく見れば、先月よりも、あるいは昨年よりも成長している部下だっているかもしれないし、まだ成果につながっていないだけで、成果につながる兆しがある部下だっているかもしれないよね。でも、彼はそんなことは言わない。考えてはいるけど言わないだけかもしれないし、あるいは考えてもいないのかもしれない。

さて、今度は達成した方の部長B。部下のスキルがまだまだなのに目標達成できたっていう言い方をしてる。つまり「能力の低い部下たちなのに達成できた」っていうことは「部長自身の能力が高いからだ!」って言っているのとほとんど同じ。もちろん、そんなつもりはないのかもしれないけど。

確かに、部下のスキルが追いつかない場合、自分が自ら成果を取りに行く、という責任感だって必要。だけど、「部下たちの活躍はゼロだったのか!?」と、僕ならツッコミを入れたくなってしまう（実際に僕はツッコミを入れるけど）。

そう、２人に共通しているのは、「手柄は自分のもの、失敗は部下のもの」という、実に自分本位な発言。もしも、なんとなくこの部長が上司だったら嫌だなと思ったあなた！　あなたの感性は正しい。

これでは部下は育たない！　僕は、自分の経験上はっきりとそう言いたい。

こういう状況から察すると、達成できなかった部長Aも、達成できたとしても部長Bと同じような発言になる可能性は非常に高い、と僕は思う。

さて、あなたがリーダーへと育っていくときに、大切にしなければならない心構え。

それは、**「手柄を部下に配ること」**だ。

人は、直接褒められることはもちろん、自分がいないところで褒めてくれている、って知る方がはるかに嬉しいと感じる。そんな先輩の下にいたら、もっと頑張ろうって思うよね。だから、こういうリーダーのもとで人は成長するし、成果だって出るんです。
人は、自分のことばかりアピールする人よりも、後輩や部下のことを気にかけている先輩を信頼するし、期待もする。むしろ、自己アピールなんてその人の価値を下げるだけ。あなたの部下一人ひとりをアピールすること。それを見つけること、これこそが、あなたの評価や信頼を上げるのです。

tsubo 6

部下は、認められて育つ。あなたは、部下を認めて育つ

- 「手柄は自分のもの、失敗は部下のもの」ではなく「部下の自慢」ができるリーダーを目指せ（そちらのほうがよほど自分を上げる）

case 7

ささやかさの中にこそ、真実がある

問題を発見する能力は、リーダーにとって、とても大切なチカラです。もちろんリーダーだけじゃない。仕事をする上で、誰にとっても必要とされる能力でもある。だけど、日々の仕事に追われたり、上司からの評価ばかりを気にしていると、重要な「問題の種」を見落としてしまうことは、ある。問題を解決することばかりに気を取られ、ささやかな「変化」に気づかないことだって、ある。

ある学校の、先生たちの「評価方法」を聞いて、すごく驚いたことがあった。それは、「クラス内に問題はあるか?」という項目で、「無問題」と記入した教師は、高く評価される、っていうこと。つまり、クラスに「問題なし」と感じられれば、あるいはそう答えれば、優れた担任であるってことになる。

嘘でしょ!? そんなバカな話あるの!? って、誰でも思うよね。

どんな組織だって「問題がない」なんていうことはあり得ない。現実って、常に「問題」をはらんでる。ちょっとしたことで大きな問題に発展しちゃうような「問題の種」は、どんな組織や集団にもある。その「小さな種」を発見できる能力こそが、教師に求められてるんじゃないんか! って、僕は声を大にして言いたい。

しかも、ですよ。この「無問題」が自分の評価を高めるってことは、「問題を発見する能力」がますます退化してしまう、ってことになる。これは仕事だって全く同じことが言える。


自分のやりたいことや、上司からの評価、目標数字や結果ばかりに目が行ってしまい、現実に起こっている目の前の小さな問題が、見えていない。

あなたの会社、また、あなた自身はどうですか?

目の前の現実に目を凝らすこと。耳を澄まし、静かに見つめることで、そこに真実(問題の本質)が浮かび上がってくる。そうなんだよねって、頭ではわかってるけど、つい目をそらしてしまう。そう、「臭いものに蓋!」っていう感じです。

でもね。

それじゃ「問題を発見する」ことにはつながらない。っていうか、問題の火種は消えてないから、最悪の場合、火事になるまで誰も気がつかないかもしれない。

ちょっと厳しいかもしれないけど、「見なかったこと」「聞かなかったこと」にするっていうのは、一種の暴力だ。暴力って、殴ったり蹴ったりするだけじゃないよ。誰かを排除したり、無視したりすることだって、立派な暴力だ。そして、無関心っていうのも、大きな暴力なんです。

結果ばかりに気を取られていると、小さな問題を「見なかったこと」「聞かなかったこと」にしてしまうことって、ある。確かに、僕たちは結果で評価されてきたし、これからだってそうだ。でも、もしもあなたがイキイキと楽しく働き続けたいって思うのなら、社内にある「問題の種」を発見することって、ものすごく大切。なぜなら、その種が、会社の抱えている問題の本質だったりすることがあるから。そして、その本質こそが会社を成長させるための鍵だったりするから。だから、リーダーとして、これだけは忘れないで欲しい。ささやかな物事の中にこそ、大切な真実が隠されているということを。

さて、テレビドラマ『相棒』の主人公、刑事の杉下右京氏がいつもいつも言うこのセリフ、知ってますか？

「どうも私は、細かいことが気になる性分でして……」

目の前の現実の中の、小さな「事実」を見逃さない。ささやかな事実の積み重ねによって、事件の真相を探り当てる。ドラマに登場する多くの刑事が、事件の早期解決という「結果」を優先するあまり見逃してしまう「ささやかな事実」を積み上げていくことによって、真実にたどり着こうとするその姿勢は、ホントに素敵だ。僕たちは、もっと右京さんから学ぶべきだって思う。その真摯で誠実な仕事の姿勢を。

「何かが引っ掛かるということは、そこには必ず、大事なサインがあるということ」
「真実の追求に『そのくらいでいい』はない」

ささやかな物事の中にある真実を見失ってしまわないよう、今日も僕は『相棒』を観ようと思う（笑）。

tsubo 7

小さな事実を見逃さない

●何かが引っかかるときは、そこに大事なサインが隠れている

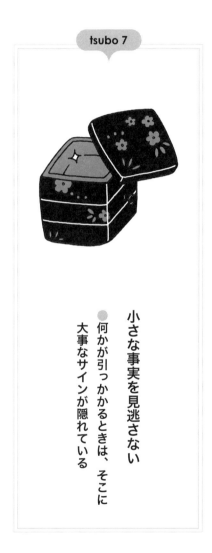

case 8

人を恐れず、しなやかにしたたかにつながろう

僕のところには毎月のように「社内が協力してくれない」「チームが一つにならない」というような相談が、文字どおり殺到してる。

その様子を聞いてみると、多くの人が事前に何の根回しもなく、いきなり会議で発表するという暴挙!? とも言える「伝え方」「情報伝達の仕方」をしている。ちょっと先に根回し(ネゴシエーション)して、応援してもらうための準備をしておくことよりも、合理的に効率的に、みんなが集まる全体の場で発表し、周知し、動かそうとする。

当たり前だけど、それじゃ人は動いてくれない。っていうか、動けない。こういうことを見たり聞いたりするたびに、僕は、みんなコミュニケーションの機会をなるべく少なくしようとしてるのかな、人との関わりを避けようとしてるのかな、って感じてしまう。

新刊が出版されるたびに100万部以上の大ヒットとなる小説家の村上春樹氏は、1979年のデビュー作『風の歌を聴け』以来、デタッチメント、つまり「人との関わりの不在」が描かれる作品を書き続けてきた。

学生紛争という「変化の時代」を生きた彼らの世代は、政治権力（あるいは社会システム）によって一瞬にしてその「関わり（コミットメント）」を断ち切られてしまう、という喪失感を味わった。だからその対極にある「デタッチメント」を描くことは、彼にとっては必然であったのかもしれない。それが、あるときを境にして「コミットメント」を描こうと思うようになったという。1996年に出版された『村上春樹、河合隼雄に会いにいく』という本の中でも、村上氏自身はこの「デタッチメントからコミットメントへの変化」について語っている。

実は、この1996年という時期は、「自己の存在の希薄さ」ということが社会で多く語られるようになった時代でもある。他者や社会との関わりが希薄になると、当然それだけ自分自身の存在も希薄化する。なぜなら「人間とは、他人を通じてこそ自己確認できる存在」だから。

村上氏の場合、その時代的背景に学生紛争等々……があったけれど、もう少し時代を俯瞰してみると、僕たちもまた、色々な点で他者や社会とデタッチし、関わりが薄くなっていく時代に生きてきた。高度経済成長、都会への人口流出に伴う核家族化、ご近所づきあいや村社会の崩壊など、僕たちを取り巻く環境だって、時々刻々とコミットメントからデタッチメントへと変わっていった。そんな時代の流れ、時代の必然と引き換えに、僕たち一人ひとりの存在感、生きるリアリティーも希薄になっていったように、僕は感じてる。

1990年台後半に起こった神戸連続児童殺傷事件って、知ってますか？　この事件で逮捕された少年は「透明な存在の僕」と語り、社会現象にもなったアニメ『新世紀エヴァンゲリオン』の主人公、碇シンジ少年は「何のために生まれてきたんだ？」と語る。

また、未だに日本の映画興行収入で不動の1位を守っている2001年公開の宮崎駿監督作品『千と千尋の神隠し』では、「カオナシ」っていうキャラクターや「名前を取り戻す」というモチーフが使われた。もちろん、ここに深い関係性があるかどうかなんて僕にはわからない。だけど、多くの人が「存在の希薄さ」を感じる時代になったということなのかもしれないって、僕は思うわけです。

そしてまた、2008年に起きた秋葉原無差別殺傷事件。犯人の加藤智大について、社会学者の見田宗介氏は「眼差しの不在の地獄」という言葉で語っている。SNSへの投稿を誰も見てくれない。自分の表現に誰も共感してくれない、かまってくれない。僕はここにいるのに！　っていう「自分のことを見てくれる人がいない」という不在感の地獄を、犯人は感じていたのではないか、と見田氏は言う。彼はリア充、つまり生きるリアル感、存在するリアル感を持つ人に対して、嫉妬や怒り、哀しみを感じていたのかもしれないって、僕もそう思った。

村上春樹氏はある雑誌のインタビューで、「手に触れられる感覚、感触のあるもの」という意味で「タンジブル」というものを描きたい、と語っていた。コミットメントとタンジブル。まさに、触れられるもの、感触のあるものこそが求められる時代なのかもしれません。

さて、かつて京都大学で大変興味深い実験が行われたことがあった。それは、猿による「自己認識」の実験だった。

他の猿から隔離されて一匹だけで育った猿は、鏡を見ても自分のことを自分だとは認識できないのだという。さらには、同じように猿を一匹で隔離し、ガラス1枚隔てた隣の部屋にはたくさんの猿がいる、っていう状況で育てたとしても、やはり猿は鏡を見ても自己認識ができない。みんなと一緒に普通に集団生活をした猿だけが、鏡を見て自己認識することができた。つまり、タンジブルなコミットメントがあった猿だけが、自分を自分だって認識できるということなんだ。

僕たち人間だって同じ。人間は一人じゃ生きていけない。一人ぼっちで孤独に生きていると、自分で自分の存在を認識できない。ただ風景のように他者が「見えている」というだけじゃなく、ちゃんとリアルに他者と触れる機会を持たない限り、人間は自分の存在を認識できないってことが、この実験によって明らかになったんじゃないかなって感じた。

さて、随分回り道をしちゃったけど、他者と触れる機会を少なくすることって、やっぱり自分の存在感も、自分に対する自信も希薄にしてしまう。そうすると、人とのコミュニケーションはどうしても「わかって欲しい！」コミュニケーションになっちゃう。私を見て！　私をわかって！　っていう「承認欲求」が加速しちゃう。そうすると相手はあなたと関係することからますます遠ざかっていっちゃう。じゃ、どうすればいいいんだろう？

答えはやっぱり、触れる機会を増やすことだと僕は思う。

冒頭の話題に戻ると、僕の元に寄せられる相談で最も多い「社内が協力してくれない」「チームが一つにならない」っていう課題。この相談に対して僕が「コミュニケーションは取っていますか？」と質問すると、ほとんどの人がこのように答える。「わかってはいるのですが、なかなかまとまった時間が取れなくて、ゆっくり話す時間がないんです」と。

ゆっくり時間を取って話をすれば解決する、わかり合えると思ってる人は、すごく多い。ここに問題があるんだって、僕は考えている。とっても重要な「問題」だ。それは、3章でもお話しした「わかり合う」ことをゴールにしているということ。簡単に言うと、「話せばわかる!」という思い込みを持っているっていうこと。

東京大学名誉教授の養老孟司氏と精神科医の名越康文氏の共著『「他人」の壁』(SB新書)の中に、面白いことが書いてある。

「ほとんどの人が気づいていないと思うけど、人間って一生、他人と空間的な視線は共有できないんですよ。今、こうやって名越さんと話をしていても、お互いに反対側から見ているわけだから。見ている景色は全然違う。そういう空間で生きていて、果たしてどれだけ(相手と)共有できるのか、今回でいえば「わかる」なんて言えるのかという話です。」( )内は筆者。

そう、僕たちが見ている景色は空間的にも、意識的にも、まったく違う。だから、わかり合うなんて、とてもじゃないけどできないって、2人の先生は言うんだ。

人と人とはわかり合えない。でも、3章でもお話しした通り、近づくことはできる。だけどそのためには、わかり合うことを前提にコミュニケーションをしようとするんじゃなくて、何度も何度も触れ合うことで、相手に近づこうとすることの方がずっと大切なんだって、僕は思うわけです。だから僕は、相談に来られた人たちに必ず、こんな風に言う。

「60分1回よりも、1分を60回のコミュニケーションの方がずっといいですよ」ってね。

僕がそんなことを話すと、いつもお世話になっている熊本大学の戸田博人先生が、コミュニケーションについての面白い実験のことを教えてくださった。それは、こんな話だ。

ある大学で、数百人が収容できる大教室で、数カ月間授業を実施した最後に、受講し続けてきた学生たちにアンケートを取った。そのアンケートとは、女性たちの写真を数枚見せて、「この中でどの女性がいちばん好みか」と男性に聞く、というもの。女性の好みはもちろん千差万別。人によって価値観は違うよね。それでもそのアンケートでは、ほとんどの人が同じ女性を選んだというんだ。不思議だよね。

では、そこに何があったのか。

実はその選ばれた一人の女性は、この数百人の大教室で開催される授業に「毎回参加」していたということ。ちなみに、2位に選ばれた人は2番目に参加の多い人だった、という結果になった。外部の機関の協力を得た実験だったので、その写真の女性たちは学校の生徒でもなく、ほとんどの生徒が、その写真の女性たちを「知らない」「見たことない」って答えていたそうだ。だから、誰もその女性が授業を受けていたなんて知らなかった。毎回の授業で、あるいは数回の授業の際に、視界のどこかに入っていた、程度のこと。

さて、この調査から推測されることは、人は視界に入る頻度によって人に好感が湧くということ。つまり、何度も会っていると、人は相手に好感を持つということだ。

「60分1回よりも、1分を60回のコミュニケーション」と僕が提案するのは、これと同じこと。もちろん、じっくり話すことも大切だよ。でも、それよりもっと効果的なことがこれ、少ない時間でも、何度も話すことだ。接点が増えると、相手はあなたに好感を持ちやすくなるんだ。

だから合理的、効率的に「1回話してわかってもらおう」とするんじゃなく、相手との関係性をじっくりと、ゆっくりとつくり上げていくことは、とても大切。「相手とつながってる感」が増すと、「一人じゃない」って感じることができるから。人と触れるからこそ自己確認が可能になり、存在感が強くなる。すると自然に、自分に対する自信が生まれて、さらに人とつながることが楽しくなる。人とのつながりを実感できるようになると、生きるリアル、職場のリアル、働くリアルを感じられるようになる。コミュニケーションによって、人生が楽しくなってくるわけ。

だからね。

人と接することを恐れちゃいけない。しなやかにしたたかに、つながりを増やし続けて欲しい。今いる職場で、今の仕事で、イキイキと楽しく働き続けるためにも。

tsubo 9

人は人とつながることでよりよくなる

●60分1回よりも、1分を60回、タンジブルコミュニケーション!

【読書のススメ】本の選び方、読み方、学び方

僕は物心がついた頃から読書が大好きだった。両親に怒られるまで読み続けてた。だから、これまでも本当にたくさんの人から「本の選び方」や「読み方」「本の読み方のコツ」を質問されてきたんだけど、あまり上手く返答できずにいた。するど、僕が大変にお世話になっている明治大学の阪井和男教授からこんな言葉を教えていただいた。

それは、「ベタ読み、メタ読み、ネタ読み」という読み方だ。

まずは「ベタ読み」。文字どおり「ベタに読む」。まずは読んでみる……と、まぁこんな感じ。いわゆる読書だね。

続いて「メタ読み」。「メタ読み」とは、

・例えば、著者A氏の一冊を読む。
・その後、同じテーマについて書かれた、違う著者の本を何冊か読んでみる。
・続いて、その著者A氏と反対の考え方を持つ別の作家の本を何冊か読んでみる。

もちろん、A氏の本を何冊も読むということもあるだろうし、その本の中で紹介されている本や考え方などから派生して、別の本を読んでみることもある。つまり、1冊の本をきっかけにして「縦、横、奥行き」というように、立体的に読書をしてみよう！　ということ。まずは1冊の本を読み、その世界に埋没してみて、その後、その本を取り囲む世界観を幅広く知ってみるということ。

1冊の本を俯瞰して見るための立体的な読書方法、それがメタ読み。ではここで、僕の「メタ読み体験」を少しだけ。

10代の頃、僕は村上春樹という作家の1冊の本に出会った。それがきっかけで、彼の本を全て読んだ。そして次に、その作家の描く作品の中に登場する外国文学や推理小説、音楽など、その作家に関連する世界観を無条件に読み、音楽

も聴きあさった。ある時、その作家について批評している学者さんの記事を読み、なかなか面白かったので、その学者の書いた本を読み始めた。そしてまた同じ作家の本やその本に出てくる哲学者や物理学者、生物学者などの本を読みあさり、その学者を批判する人の本も読んでみたりしながら、その読書の旅は30年以上経った今も、まだ続いている。1冊の本をきっかけに出た読書の旅。これがなければ、僕の人生はおそらく、まったく違ったものになっていたと思う。

これが、僕のメタ読み体験。

そして最後に「ネタ読み」です。

ネタ読みとは文字どおり、本に書いてあることを自分に応用してみる、試してみるということだ。ビジネス書でいえば、本に書いてあった営業方法を真似してみたり、企画書やプレゼンテーションなど、仕事のネタとして引用してみたりしてみる。こんな読み方が「ネタ読み」です。

ベタ読み、メタ読み、ネタ読み。実は、この3つの「順番」が重要だ。ベタ読み、メタ読みをせず「ネタ」としてパクるだけでは、浅く薄っぺらいものに終わってしまう。最もよくないのは、本に書いてあることを、いかにも自分が考えたことのように披露すること。人間が薄っぺらになる。1冊の読書から、ベタ読み・メタ読みを通じてその世界観を味わい尽くし、自分なりに消化した上で、ネタとして引用する。これが、読書を通じて深く学び、見識を広めていくための方法。

読書って、単なるネタ探しとか、やり方を探すものじゃなくて、もっとすごく深くて、楽しくて、ワクワクして、役に立つという体験ができる、すごくいいものだから、機能としての本じゃなくて、もっと楽しんでほしいと思う。

一日100人の人と会うことはできないけど、本だったら100人に出会うことだってできる。現実ではできない体験が、本の中ではできるんだ。

至高の読書体験、あなたも是非楽しんでみて欲しいと思う。

【オススメ本リスト】

○ドラッカー入門 新版（上田惇生、井坂康志　ダイヤモンド社）
○自らをマネジメントする ドラッカー流「フィードバック」手帳
（井坂康志　かんき出版）

「ドラッカーを読み始めるなら、この２冊から！あなたもきっと、ドラッカーが好きになれるはず」
○ヒーローを待っていても世界は変わらない（湯浅誠　朝日文庫）
「いい組織、いいチームを作るために大切なことは、この本から学べ！」
○わかりあえないことから　コミュニケーション能力とは何か
（平田オリザ 講談社現代新書）

「コミュニケーションって大変だ！でも、中々面白い！」
○小さき者へ（重松清　新潮文庫）
「今、見えている『その人』の向こう側には、私たちが知らない「物語」がある」
○ちょっと今から仕事やめてくる（北川恵海　メディアワークス文庫）
「人は、幸せになるために生きなくちゃならないんだ！と感じさせてくれる本」
○中学生からの哲学「超」入門　自分の意思を持つということ
（竹田青嗣　ちくまプリマー新書）

「自由にイキイキと社会を生きていく（生き抜いていく）ための教科書！」
○リーダー論（高橋みなみ　講談社AKB新書）
「実はこれ、かなり面白いリーダー論です」
○舟を編む　（三浦しをん　光文社文庫）
「経営者、リーダー、教師、コンサルタント必携の小説！」
○君たちはどう生きるか　（吉野源三郎　ポプラポケット文庫）
「この本は、自分の意思を持つことの尊さを教えてくれる！」
○ぼくんち（西原理恵子　角川文庫）
「最高に笑える、最高に泣ける！」
○それをお金で買いますか（マイケル・サンデル　ハヤカワ・ノンフィクション文庫）
「社会の現実を知ることは、自分自身を知ることでもあると教えてくれる本」
○東京難民（福澤徹三　光文社文庫）
「『私たちのすぐ近くには、こんな現実だってあるんだ!?』って教えてくれる本」
○宇宙兄弟（小山宙哉　講談社）
「この漫画は、チーム作りのバイブルだと思う」
○リッツ・カールトンが大切にする サービスを超える瞬間（高野登　かんき出版）
「おもてなしの原点は、すべてこの人から教わった」
○兎の眼（灰谷健次郎　角川つばさ文庫）
「可能性を諦めないことが、教育だと教えてくれた本」

あとがき

小学校の先生になろうと思っていた。ちょうど高校2年生の夏までは。

どうして先生になりたいと思ったか？　5、6年生のときの担任、藤田先生に憧れたから。

藤田先生は、当時かなり悪かった僕のことを最後まで信じてくれた。想像以上に問題児だった、少年時代の自分。そんな僕のことを信じ続けようとすることは、きっと相当の覚悟と決意が必要だったと思う。だから、彼女はストレスで倒れてしまった。

「大丈夫や、気にしたらあかんで。あんたのせいやないんやから」

介抱する僕に向かって、先生はそう言ってくれた。

3、4年生の担任の先生は、僕を諦めていた。僕を目の敵にしていた。僕もその先生を目の敵にしていた。僕はクラスを封鎖し、生徒を巻き込み、授業をボイコットしたりした。最低の生徒だったと思う。だから当時の僕は、教師に対して、大人に対して諦めていた。
でもそんな僕に、教師という仕事の尊さや、覚悟を決めた大人の生き様を教えてくれた藤田先生がいたから、僕は教師になりたいと思った。僕と同じように、諦められてしまった子どもに、真剣に向き合える大人になりたいと、心から思った。

高校2年生の夏、僕はやっぱりそんなに褒められた素行の生徒ではなかった（笑）。でも、大人たちや教師たちから諦められそうになっている後輩のそばにいてあげられるような人間になりたいという気持ちだけは、持ち続けていた。

そんなある日、可愛がっていた後輩が退学させられそうになった。僕は、学校のトップに直談判しに行った。

「あいつは学校を辞めたくない。努力すると言っている。だから、もう一度チャンスをあげて欲しい。あいつはできるやつなんです！」と。

彼は僕に言った。

「あいつは、クズだ。お前もあいつをかばって、クズになりたいか？」

僕は唖然《あぜん》とした。これが教育者の言う言葉か!? と。殴りかかろうとした僕は、友人に止められた。他の教師に言っても、やっぱり無駄だった。

僕はまだ子どもで、考えも浅薄だったと、今では思う。でも、僕はそんな大人たちを許せなかった。

いくら自分が学校の先生になったって、いくら自分が理想を目指したって、組織が腐っていれば、全てが無駄になってしまう。教師になることよりも、学校をつくることを目指そう。単純で生意気で、世間知らずだった僕が、高校2年生の夏に出した結論だった。

今、僕は社会人のための学校を主催している。そのときに想像していたような立派な学校ではないけれど、でも、「可能性を諦めない」という思いだけは、持ち続けているつもりだ。


人は、必要とされることが、必要だ。

誰にだって、可能性はある。

誰だって、輝くことができる。


そんなことを教えてくれた藤田先生の存在は、今でも僕の憧れであり、理想だ。

この本を読んでくれたあなたが、僕がこれから関わっていく誰かが、先生のように「可能性を諦めない大人」を目指してくれることを、心から願っています。

この本は、僕がこれまで出逢った社長たちや、僕たちの学校に参加してくれた社員の人たち、そしてプロデューサーの児島慎一さん、青春出版社の手島智子さんをはじめ、この本を一緒に創ってくれた多くの方々、僕たちがお世話になったすべての人たちの想いが詰まった本です。これまで出逢ったすべての人たちに感謝を込めて、この本をあなたに贈ります。

最後まで読んでくださって、本当にありがとうございました！

2017年12月1日
森　憲一

著者紹介

森　憲一　(株)サードステージコンサルティング代表取締役。(社)日本経営イノベーション協会代表理事。明治大学サービス創新研究所副所長。
これまで1000社以上の会社と関わり、のべ3万人以上の経営者や従業員のサポートをし続けて来た、熱血教育コンサルタント。2012年からは、社会人のための仕事の学校「ネクサミ白熱勉強会」を主催、代表講師も務め、業種も異なる会社の従業員同士が学び合い、一人ひとりがイキイキと活躍しながら、脅威の成果を生み出す仕組みを確立。経営者からは、「従業員の可能性を絶対に諦めない先生」として定評がある。明治大学、東北芸術工科大学、東洋大学等でも講義を担当。著書に『ドラマティック☆マネジメント』(かんき出版)がある。

「ネクサミ白熱勉強会」http://www.nekusami.com
森憲一の読書案内ブログ http://3rd-stage.jp

入社《にゅうしゃ》3年目《ねんめ》からのツボ
仕事《しごと》でいちばん大事《だいじ》なことを今《いま》から話《はな》そう

2017年12月10日　第1刷

著　者　森《もり》　憲《けん》一《いち》
発行者　小澤源太郎

責任編集　株式会社 プライム涌光
電話　編集部　03(3203)2850

発行所　株式会社 青春出版社
東京都新宿区若松町12番1号 〒162-0056
振替番号　00190-7-98602
電話　営業部　03(3207)1916

印　刷　共同印刷　　製　本　フォーネット社

万一、落丁、乱丁がありました節は、お取りかえします。
ISBN978-4-413-23065-0 C0030